症狀別로 알기 쉽게 풀이한 完全 經絡圖解

華佗經穴治療秘法

金丞洙 編著

明文堂

耳穴図解

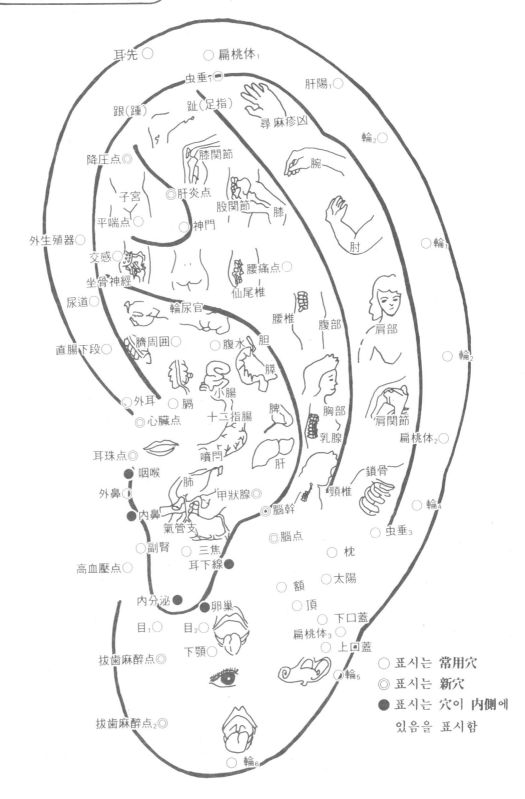

耳先 ○　　　○ 扁桃体₁

虫垂₁●　　　　　　肝陽₁○

跟(踵)　　趾(足指)

　　　　　　　尋 麻疹区

降圧点◎

子宮

平喘点 ○　　◎肝炎点　　　　　腕

外生殖器○　　　　神門 ○

交感 ○

坐骨神經

尿道

直腸下段 ○

外耳 ○

心臓点 ◎

耳珠点◎

咽喉 ●

外鼻 ●

内鼻 ●

副腎 ○

高血壓点○

内分泌 ●　　　卵巣 ●

目₁○　　　目₂○

下顎 ○

拔歯麻酔点◎

拔歯麻酔点₂◎

輪₂ ○

輪₁ ○

肩部

輪₂ ○

膝関節

股関節

膝

肘

腰痛点

仙尾椎

輪尿官

腰椎

腹部

臍周囲 ○　　腹水 ○　　胆

膵

膈　　小腸

十二指腸　　脾　　胸部 ～ 乳腺

噴門　　　肝

肺

甲狀腺　　頸椎

氣管支　　　脳幹 ◉

三焦 ○　　脳点 ○

耳下線 ●　　　枕 ○

太陽 ○

額 ○

頂 ○

下口蓋 ○

扁桃体₃ ○

上口蓋 ○

肩関節

扁桃体₂ ○

鎖骨

輪₄ ○

虫垂₃ ○

輪₅ ○

輪₆ ○

○ 표시는 **常用穴**
◎ 표시는 **新穴**
● 표시는 **穴이 內側에**
　　있음을 표시함

머 리 말

동양의학의 혁명 — 화타 전자침

본서에서는 최근 선풍을 일으키고 있는 전자침과 자기방의 경혈요법을 소개하고자 한다. 수천년을 내려온 침의 효과는 한의사가 아니더라도 기히 알고 있는 바이지만, 그 운용면에서는 일반인들이 쉽게 접근할 수 없는 어려운 점이 많았다는 것은 안타까운 일이 아닐 수 없었다. 그 이유는 침을 놓아야 되는 정확한 혈자리의 취혈이 일반인들에게는 어려운 일이었으며, 침의 운용에 대한 이론은 모르더라도 일반인들이 쉽게 이해할 수 있는 저서가 없었고, 피부를 뚫는다는 점에서 전문인이 아니면 침의 시술에 두려움이 앞섰기 때문일 것이다. 한편, 첨단과학이 발달하면서도 경혈의 해부학적 입증은 못해 온 바였지만, 최근 중공에서 발견된 피부의 전기저항 측정에 의한 경혈탐지 방법이 개발되면서 침술은 일반인들에게 널리 보급될 수 있게 되었다. 더구나 침이 피부를 뚫는 시대에서 이제는 전혀 통증이 없는 전기자극에 의한 전자 침시대가 시작된 것이다. 누구나 쉽게 침을 시술할 수 있고 자기치료에 의해 질병의 고통으로부터 해방될 수 있다면 이것은 현대과학이 이루어 낸 동양 의학의 혁명이라 할 수 있을 것이다.

침이 전자화되면서 일반인들이 쉽게 본인이나 가족에게 침을 시술할 수 있게 된 반면, 실제 사용역사는 짧지만, 한국에서도 최근 급속히 붐이 일기 시작한 자기의 치료효과 또한 신비한 동양의술의 쾌거라고 볼 수 있다. 물론 침과 자기의 근본이론은 전혀 틀리지만, 동양의학적인 인체의 경락 및 경혈 운용은 조금도 다를 바가 없는 이 두 의료기구는 수 많은 질병에 시달리는 인류의 고통퇴치에 커다란 몫을 차지할 것이다. 여러가지 자기치료기중 첨부용 자기치료기의 운용방법이 동양의학적인 경혈운용과 일치가 되어, 타 자기치 료기의 종류와 효과도 소개가 되지만, 본서에서는 주로 첨부용자기의 경혈 요법을 소개한다.

끝으로 본서의 경혈요법은 아직 국내에서는 소개되지 않은 처방이 많으며 최소한의 요혈(要穴)만으로 속효를 볼 수 있는 비법을 수록하였다. 특히 바쁜 사회생활에 쫓기어 현대병을 기르고 있는 분에게는 더할 나위 없는 의사선 생님이 될 것을 확신하며, 본서의 어느 비방으로 효과를 보신 분은 다른 분 에게도 권해 주시기 바라는 바이다. 혹간 교과서적인 경혈처방을 원하시는 분은 화타경혈총서나 그밖의 침구서적을 참조해 주시기 바라며, 본서의 처방은 참고문헌저자의 경험방 및 이론임을 확인하는 바이다.

1990. 10. 1

目　次

● 머 리 말

전
침
관
여
자
에
하

동양의학에서는 인체의 생명에너지의 흐름을 '기'라고 하며 '기'가 흐르는 길을 '경락', 외부와 체내와의 '기'의 출입처를 '경혈'이라한다. 혈에는 여러가지가 있어 경혈(경락선상의 혈), 경외의 혈(경락선외의 혈), 아시혈(인체에 병변이 발생했을 때 생기는 혈), 수지혈, 족혈, 이혈(귀에 있는 혈)등이 있다.

최근 중국 북경의 신경과학연구소장이자 북경의대 생리학과장인 「한·지생」은 "경혈의 피하조직에는 신경과 혈관이 풍부하게 분포되어 있으며, 체표상에서 경혈의 전기저항은 주위의 피부보다 낮다"는 것을 입증하였다. 이러한 원리에서 전자침은 탄생되었다.

또한 전자침의 효과는 화학적인 것이 밝혀졌으며 그 기전은 「전자침자극→신경전달물질(예 : 세로토닌)→뇌→명령전달물질→조직내 물질분비(예 : 엔돌핀)」인 것이 밝혀졌다. 침의 효과에 대한 정확한 기전은 실험된 몇가지 외에는 아직 밝혀지지 않고 있다. 전자침을 고안한 「한·지생」은 "전자침의 효과는 전기자극의 강도(전압의 강약)와 주파수의 조절로 효과가 달라, 2Hz의 전기자극은 엔케팔린을 분비시키고 15Hz의 전기자극은 엔돌핀을 분비시킨다"는 것을 입증하였다. 엔케팔린과 엔돌핀은 인체내에서 자연합성이 되는 고통억제물질이다.

1. 전자침 특허사항

1) 혈점의 전기저항을 결정하는 방법은 전극을 electroanomaious 부분에 가하고 전위를 기록하는 것이다.

7.1−36.6mkA/sq.cm의 밀도를 갖는 전류가 전극을 통하여 흐르게 한다.

• 장점 : 혈점의 저항을 결정하는 데 있어서 측정시 요구되는 시간을 줄일 수 있으며, 생물학적으로 혈점에 접촉시켜 많은 혈점의 전기저항을 동시에 측정할 수 있게 하면서 측정된 인자의 변화를 줄임으로써 정확도를 높인다.

2) 한 개의 s/w와 DC 전압발생기, 전류 기록 장치 그리고 수동전극과 연결된 공통점(Common point)에 다이오드를 통해 연결된 능동 전극으로 구성된 회로는 공급용 정전류 발생기의 입력에서 s/w의 다른 입력과 다이오드를 통해 연결된 능동전극으로 되어 있다.

수동전극을 손바닥에 놓고 s/w가 그 첫번째 위치에 놓이게 될 때 능동전극은 모두 정전류 발생기로 전환된다.

혈점의 저항이 비교적 낮기 때문에 혈점과 능동전극을 통과하는 전류는 거의 같다. 그러므로 조절기(Regulator)는 혈점을 찾기 위해서 전류를 세팅한다.

• 사용이점 : 주로 침술에서 혈점을 빨리 찾는 데 이용될 수 있다.

1) *Electro cutaneous resistance determining*
ABSTRACT : The method of determining the electrocutaneous resistance of an acuquncture point involves the application of electrodes to the electroanomalous zones and the recording of potentials. The dc with a density of 7.1-36.6mkA/sq.cm. is let through the electrodes.

ADVANTAGE : Reduces the time required for measurement in determining the electrocutaneous resistance of acupuncture points and increases accuracy by reducing the va-

'riability of the parameter measured while maintaining the acupuncture points biologically intact and allowing the electrocutaneous resistance of a large number of acupuncture points to be measured at the same time.

2) *Medical electro puncture point search appts.*
ABSTRACT : The circuitry contg. Active electrodes connected via diodes to the common point connected to a switch, DC supply, current recorder and passive electrode, has the active electrodes connected via diodes to the other input of the switch at the input to a current regulator for the supply. When the passive electrode is in the plam of the hand and the switch is in its first position, the active electrodes are all switched to the current regulator. Since the resistance of the acupuncture point is relatively low, the current through it and the active electrodes is approximately the same. Thus the regulator sets the current for the acupuncture point search.
USE/ADVANTAGE : In medicine, mainly for acupuncture, the search for acupuncture points is quicker.

2. 전자침의 원리

현대의 과학적인 연구는 경혈밑의 피하에는 풍부한 혈관 및 신경이 분포한다는 사실을 입증하였다.

체표상에서 경혈의 전기저항은 주위의 피부보다 낮다.

신체의 어느 기관이 병인학적 변화가 진행될 때면 언제나, 그 기관의 변화에 상응하는 경락 및 경혈은 변화를 보여주며(예를 들어 귀의 경혈과 같은 혈점에서는 어떤 상대적으로 특이한 병인학적 반응점들을 나타낸다) 경락점들이 체표상에 나타난다. 반응점들의 전기저항은 정상상태에 있어서 보다 오히려 더 낮기 때문에 저항 변화에 민감한 도구로 경혈을 쉽게 찾을 수 있다.

탐색침이 경혈 근처로 가면 '삐'소리의 음이 높아지며, 찾았을 경우는 탐색등이 꺼지며 음은 최고의 소리를 내며 실지 들리는 소리는 작아진다.

체표는 계절에 따라, 낮과 밤의 기온차에 따라, 사람의 피부조건에 따라(건성피부, 습성피부), 신체의 부위에 따라(손바닥과 손등, 일반 피부와 겨드랑이나 사타구니) 습도에 있어 많은 차이가 나기 때문에, 경혈탐지에 있어 전기저항을 적절히 조절함으로써 체표의 경혈을 정확히 찾을 수 있다.

경락점, 귀의 경혈(이혈), 반응점들을 더 정확히 찾았을 때, 더 효과적인 치료결과가 얻어질 수 있을 것이다.

이혈(귀의 경혈)탐지는 진단에 응용될 수도 있다.

3. 전자침의 장점

1) 쇠침과 달리 부작용이 전혀 없다.
2) AIDS나 간염등 감염의 염려가 전혀 없다.
3) 쇠침과 병용시 자침부위에 같이 사용하면 약 3배의 효과가 있다.(중증환자, 마비환자)
4) 노약자 특히 어린이에게 시술이 가능하다.
5) 쇠침보다 효과가 좋다.
6) 아프지 않다.(무통)
7) 자침부위에 자국이 안 남는다.
8) 특히 화타전자침은 마취가 가능하도록 강도 조절이 가능하다.
9) 염좌(삔데), 타박상, 인대손상, 관절염에 탁효하다.
10) 만성질환인 고혈압, 당뇨병등에 장기사용시 분명히 효과가 있다.

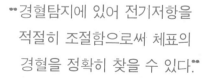
"경혈탐지에 있어 전기저항을 적절히 조절함으로써 체표의 경혈을 정확히 찾을 수 있다."

經絡과 經穴에 관하여

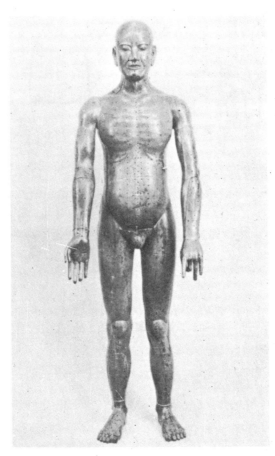

銅人形 (東京国立搏物館所蔵)

經絡과 經穴

漢醫學의 鍼灸를 研究하는 데 있어서 가장 중요한 것이 經絡이다.

經은 縱經(直經)이라 할 수 있고, 絡은 支線(連絡線)이며, 또한 疾病의 反應點이 皮膚 및 皮下組織에 出現하는 部位로서, 即 反應點이 連續되는 線이다.

解剖學的으로는 무엇이라 表現할 수 없으며, 內臟疾患이 發病하였을 때 그 臟器에 該當되는 一定한 部位의 皮膚에 痛覺過敏帶가 생기는 것이다.

經絡의 分類

經絡은 經脈과 絡脈으로 나뉘어지는데, 經脈은 신체를 縱으로 走行하는 것으로서 大路가 되고, 絡脈은 가지가 갈라져 橫으로 走行하고 斜行한다는 의미에 속하는 것으로서 經脈을 서로 연락하는 支線이라고 간주하였다.

經脈은 깊고 臟腑와의 관계가 밀접하며, 絡脈은 얕고 經節·皮部와의 관계가 깊다.

✻ 經脈을 大別하면 十二經脈, 十二經別, 奇經八脈의 3種이 있다.

- 十二經脈의 主體가 되는 것.
- 十二經別은 十二經脈에서 갈라져 縱走하는 支脈이지만 넓은 의미에서는 十二經脈의 범주에 포함된다.
- 奇經八脈은 十二經別하고는 다르며 經脈에서 갈라진 支脈이지만 꼭 縱走하는 것만이 아니라 橫行하는 것도 있으며, 十二經脈과 相對하고 또는 서로 補하는 입장이기도 하다. 특히 督脈과 任脈의 二經은 十二經脈과 합해 十四經脈이라고 하며 자수 취급될 정도로 중요하다.

✻ 經絡에 속하는 것에는 十五絡脈, 絡脈, 孫絡, 浮絡, 血絡 등이 있다.

- 十五絡脈은 絡脈의 主體가 되는 것.
- 絡脈은 十五絡脈에서 갈라져 橫行 또는 斜行하는 것.

- 孫絡은 絡脈에서 다시 갈라진 것.
- 浮絡은 絡脈 中 體表로 떠오른 것.
- 血絡은 浮絡 中 붉게 보이는 것.

經脈의 走行과 經穴

經脈은 血氣를 循行케 하고 陰陽을 通하게 하여 全身을 營養하는 것이다. 그 流注는 中焦에서 始作하여 手太陰 陽明으로 注入되고, 陽明에서 足陽明 太陰으로 注入되며, 足太陰에서 手少陰 太陽으로 注入되고, 手太陽에서 足太陽 少陰으로 注入되며, 足少陰에서 手厥陰 少陽으로 注入되고, 手少陽에서 足少陽 厥陰으로 注入되며, 足厥陰에서 다시 돌아와 手太陰으로 注入되는 것이다.

病이 일어나면 氣血의 흐름이 정체되는 곳, 정체하기 쉬운 곳이 經穴로서의 反應을 나타낸다. 反應을 나타내는 經穴 혹은 그것과 밀접한 관련이 있는 穴을 자극(補·瀉)함으로써 질병을 치료하는 것이 鍼灸醫學의 根本原理이다. 최근 중국에서 발견된 經穴은 전기적 저항이 낮아 전류가 많이 흐르는 곳이라는 사실이 실험 결과 입증되어 일대 센세이션을 일으키고 있다.

二經脈의 名稱과 循環

十二經脈臟腑表裏 流注表

陰・裏・臟			腑・表・陽		
太陰	手	肺① →	② 大腸	手	陽明
	足	脾④ ←	③ 胃	足	
少陰	手	心⑤ →	⑥ 小腸	手	太陽
	足	腎⑧ ←	⑦ 膀胱	足	
厥陰	手	心包⑨ →	⑩ 三焦	手	少陽
	足	肝⑫ ←	⑪ 胆	足	

十二経脈流注表

(各經脈의 起始點과 終結點)

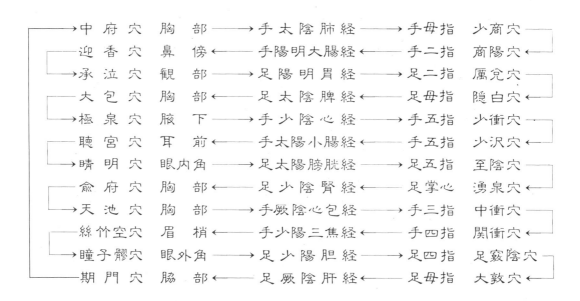

→ 中府穴	胸部	→ 手太陰肺経 →	手母指	少商穴
迎香穴	鼻傍	← 手陽明大腸経 ←	手二指	商陽穴
→ 承泣穴	觀部	→ 足陽明胃経 →	足二指	厲兌穴
大包穴	胸部	← 足太陰脾経 ←	足母指	隱白穴
極泉穴	腋下	→ 手少陰心経 →	手五指	少衝穴
聴宮穴	耳前	← 手太陽小腸経 ←	手五指	少沢穴
→ 晴明穴	眼内角	→ 足太陽膀胱経 →	足五指	至陰穴
俞府穴	胸部	← 足少陰腎経 ←	足掌心	湧泉穴
→ 天池穴	胸部	→ 手厥陰心包経 →	手三指	中衝穴
絲竹空穴	眉梢	← 手少陽三焦経 ←	手四指	関衝穴
→ 瞳子髎穴	眼外角	→ 足少陽胆経 →	足四指	足竅陰穴
期門穴	脇部	← 足厥陰肝経 ←	足母指	大敦穴

經穴에 관하여

經穴이란 疾病의 反應이 皮膚 및 皮下組織에 出現되는 點穴이다.

經絡上에 가장 銳敏하게 나타나는 反應點이고, 특히 經絡連續線中에 反應이 가장 强烈하게 나타나는 點을 「穴」 또는 「腧穴」이라고 한다. 이에 대해서는 여러 가지 명칭이 있어서 「氣穴」「孔穴」＊「輸」「空」「節」「會」「穴道」 또는 「穴位」라고 부른다.

「經穴」「奇穴」「阿是穴」은 各穴마다 사용하는 방법이 있는데, 구별은 비교적 명료해서 十四 經脈上에 正規의 위치가 확보되어 있는 腧穴을 「經穴」, 經穴 이외의 腧穴을 「經外奇穴」「奇穴」 또는 「奇輸」이라고 한다.

〈靈樞〉에서 말하는 「以痛爲輸」라는 所謂 「바로 그곳이다」라는 體表의 壓痛點·過敏點 등은 「阿是穴」이라고 불리운다.

따라서 腧穴은 經穴과 經外奇穴과 阿是穴로 되어 있다고 할 수 있다.

腧穴의 名稱

腧穴에는 여러가지 명칭이 붙어져 있다. 각각 腧穴이 존재하는 部位의 특징, 效能의 특징 등을 들어 그 穴의 특징을 표출할 수 있도록 구상되어 있다. 이와 관련하여 上海中醫學院編 『鍼灸腧穴學』에 의하면 다음과 같이 분류된다.

＊水流와 山谷

- 池, 溝, 瀆, 淵, 渠, 谿, 溜, 泉, 海
- 山, 谷, 丘, 陵, 崑崙 등이 붙는 것.

＊動植物 및 生活用具

- 攅竹, 絲竹空, 魚際, 犢鼻, 伏兎, 鳩尾, 曲骨, 巨骨, 肩髃, 臂臑, 肘髎, 髀關
- 缺盆, 大椎 등.

＊건축물과 人事活動의 명칭

- 門, 戶, 關, 樞, 堂, 室, 窓, 牖, 庭, 廊, 宮, 闕, 府, 庫, 房, 舍, 垣, 突, 倉, 井, 都, 市, 鄕, 里, 道, 衝, 會, 合, 交, 迎

등이 붙는 것.

＊天象과 位置

- 風, 雲, 天, 星, 日, 月, 列缺(電), 豐隆(雷), 璇璣, 太乙, 太白, 陰, 陽, 外, 承, 臨, 曲, 俠 등이 붙는 것.

腧穴의 分類

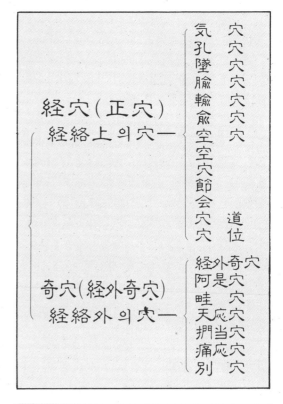

経穴(正穴) 経絡上의 穴	気穴 孔穴 隆腧 輸俞 空空穴節会穴穴 穴穴穴穴穴穴 道 位
奇穴(経外奇穴) 経絡外의 穴	経外奇穴 阿是穴 畦穴 天応穴 押当穴 痛応穴 別穴

＊註 :

鍼灸書籍을 보면서 언제나 번잡스러운 것은 「腧」, 「輸」, 「俞」라고 偏이 月이 되든가, 車가 되든가, 또는 없든가 하는 「字」이다. 이것들은 音이 같아서 대체적으로 同一하게 해석하고 있지만 개중에는 구별해서 취급하는 사람도 있다. 일반적으로 「穴」이라고 총칭할 때는 「腧」이고, 五行穴〔井·滎·輸·經·合〕일 때의 輸는 「輸」이며, 俞穴과 募穴이라고 할 때의 背俞穴을 가리킬 때는 「俞」를 사용한다는 學者도 있다.

經穴의 性質

鍼灸治療의 長久한 역사와 귀중한 경험의 축적을 바탕으로 하여 經穴의 여러가지 성질에 관한 연구와 일정한 特殊治療效果에 대한 槪略이 정리되고 있다.

十二經脈은 肺經에서 시작하여 全身을 循行하고 肝經에서 다시 肺經으로 돌아간다는 것을 앞에서 설명했지만, 기타 經脈까지 포함하여 經脈上에 존재하는 모든 經穴은 그 經脈이 走行하는 영역에 무엇인가 영향을 끼치는 힘을 갖고 있다.

各各의 經穴에 명칭이 붙여져 구별되어 있듯이 各各의 經은 통과하는 영역 중에서도 특별히 강력한 작용을 발휘하는 영역을 갖고 있다. 例를 들어 手太陰肺經은 喉··胸·肺에서 강한 작용을 발휘하며, 足陽明胃經은 胃·腸·頭·口·齒·喉에서 有力하다. 아래의 表로 經의 특징적 輪廓을 알 수 있다. 그리고 手足에 각각 소속하는 三陰經과 三陽經에도 三經에 공통된 특징이 보인다. 例를 들면 手三陰經(肺·心包·心)은 공통적으로 胸部에 강한 작용을 나타내며, 手三陽經(大腸·三焦·小肥)은 공통적으로 頭部·眼·面·喉에 효력을 발휘하며 合해서 熱病 處理時에 효과가 있다. 그리고 頭頸部와 軀幹에 분포되어 있는 腧穴은 脊髓斷區의 높이에 따라 守備範圍가 규정된다.

頭面部의 穴은 頸 以上部의 感覺器·喉·頭의 질환, 胸과 上背部의 穴은 心·肺의 질환, 上腹部와 下背部의 穴은 肝·膽·脾·胃의 질환, 下腹部와 腰仙部의 穴은 胃·腸·泌尿·生殖器疾患을 主治하는 것으로 분류된다.

經穴의 특수성은 또다른 面, 즉 解剖學的 部位에 따른 특수성과 經絡機構上의 主治의 相異에 의한 특수성에 의해 분류되어 있으며, 일괄하여 「要穴」, 또는 「特定穴」「特殊要穴」 등으로 부르며, 다른 일반 經穴과 구별하고 있다.

실제 臨床에 있어서 이들 要穴의 지시에 따라 著效를 얻는 일도 있으나 기대에 어긋나는 일도 있다. 일정한 法則에 가까운 原理를 추구하는 나머지 무리하게 틀속으로 몰아넣은 것이 아닌가 생각되는 점도 없지 않지만 이들 要穴을 몇번 사용해 보면 經穴의 神奇함이라든가 古人의 예리한 관찰력에 놀라지 않을 수 없어 경탄하게 된다.

최근 발견된 경혈의 성질은 신체의 다른 피부보다 경혈점은 전기적 저항이 낮은 것이 발견되었으며, 침의 작용기전은 아직 미궁에 빠져 있지만 전기적 반응으로는 2 Hz의 전류로는 인체에서 엔케팔린이라는 인체내 자연합성 아편이 발생하며 15Hz의 전류로는 엔돌핀(다이모르핀)이라는 물질이 합성된다는 사실이 실험결과 입증되었다. 따라서 머지않아 침구학은 과학적으로 베일이 열릴 것이며 작용기전도 입증이 될 것이다.

| 頭面頸項…腦、眼、耳、鼻、口、齒、喉 |
| 胸、上背(胸椎1~7) ………… 肺、心 |
| 上腹、下背(胸椎8~腰椎1) |
| ……………肝、膽、脾、胃 |
| 下腹、腰仙(腰椎2~仙椎4) |
| …… 腎、腸、泌尿、生殖 |

經穴의 分布와 分割基準線

經穴은 體表의 彎曲이나 膨隆에 應하여 直線 또는 曲線을 이루며 經脈上에 分布되어 있다. 그 立體的 分布圖에 맞추어 이것을 一見하고 이해할 수 있는 割當圖를 製作하였다.

고대에 있어서의 經穴의 取穴方法은 骨의 突出部나 筋의 間隙 등을 목표로 몇尺 몇寸이라는 표현을 사용하고 있으나 현대적으로는 이해하기 어려운 길이의 單位가 되었다. 또한 1寸의 길이가 部位에 따라서 다를 뿐만 아니라 平行의 同一區間에서도 經脈에 따라 長短이 다르다.

이것을 合理的으로 取穴할 목적으로 비교할배분법을 이용하였으며, 이 配分을 용이하게 기억하는 방법으로 各 部位의 經脈을 直線上에 投影하여 그 높이를 一見하여 암기할 수 있도록 편리한 圖로 표현하였다.

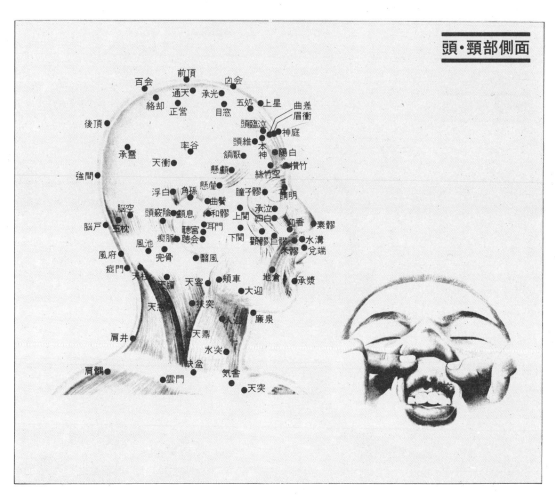

頭·頸部側面

頭・頸部前面

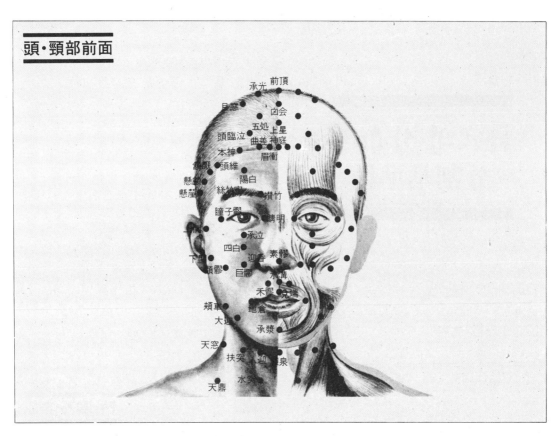

頭・頸部後面

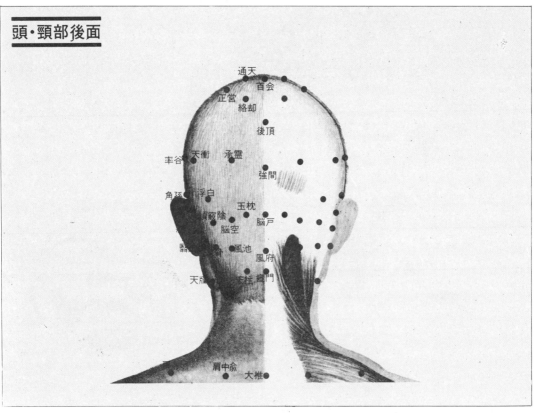

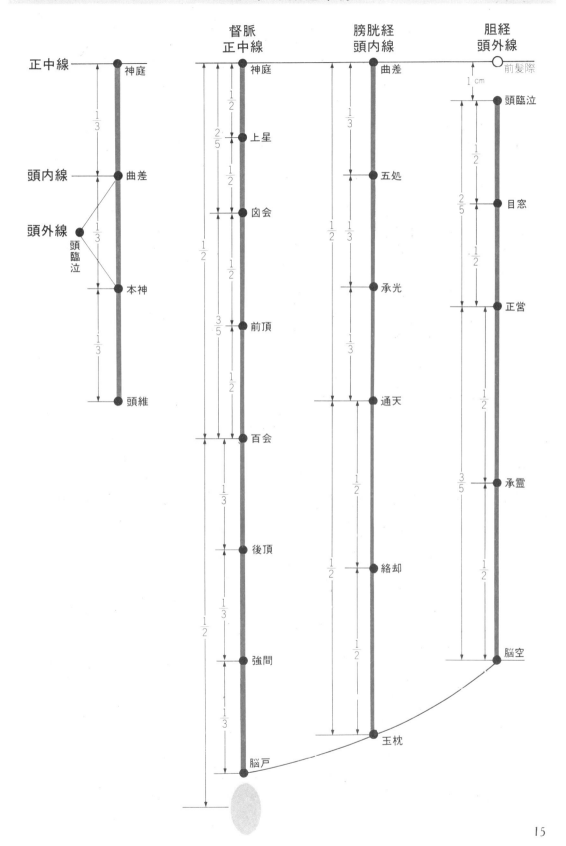

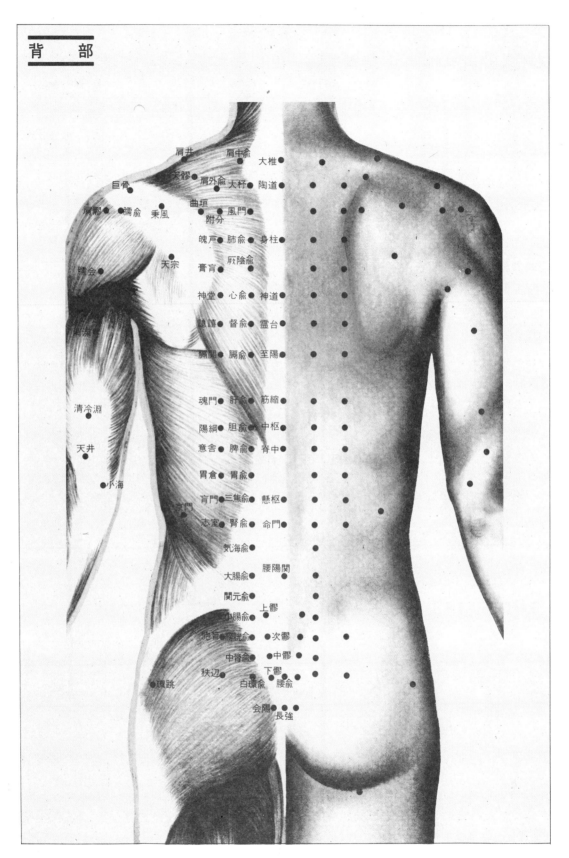

肩井　肩中兪　大椎
巨骨　天髎　肩外兪　大杼　陶道
肩髃　臑兪　秉風　曲垣　風門
　　　附分　　　魄戸　肺兪　身柱
　　　　　　　厥陰兪
臑会　天宗　膏肓　　　
神堂　心兪　神道
　　　　　　　懿譆　督兪　霊台
　　　　膈関　膈兪　至陽
魂門　肝兪　筋縮
清冷淵　陽綱　胆兪　中枢
天井　意舎　脾兪　脊中
　　　胃倉　胃兪
小海　肓門　三焦兪　懸枢
京門　志室　腎兪　命門
　　　気海兪
　　　大腸兪　腰陽関
　　　関元兪
　　　小腸兪　上髎
胞肓　膀胱兪　次髎
　　　中膂兪　中髎
秩辺　　　下髎
環跳　白環兪　腰兪
　　　会陽　長強

背部의 分割基準線

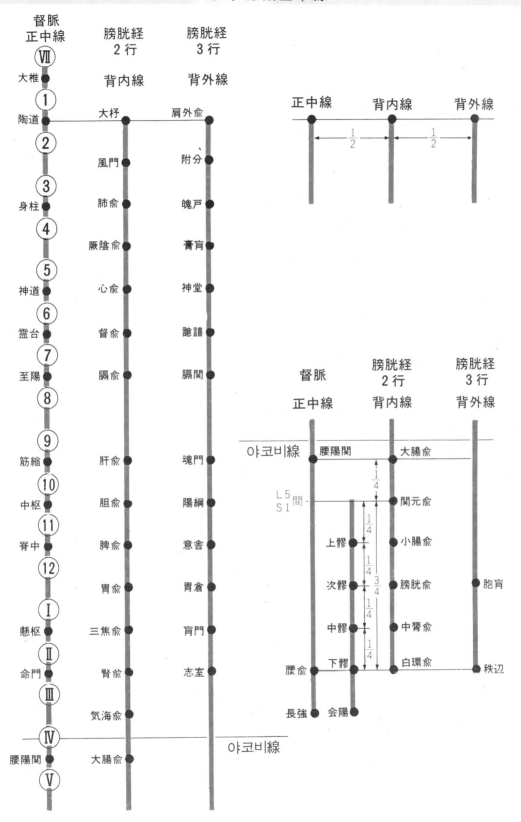

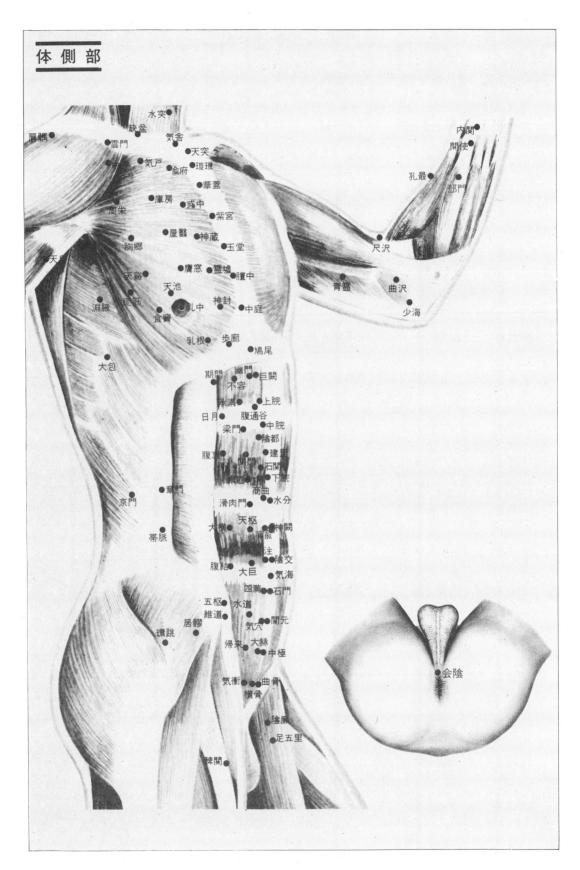

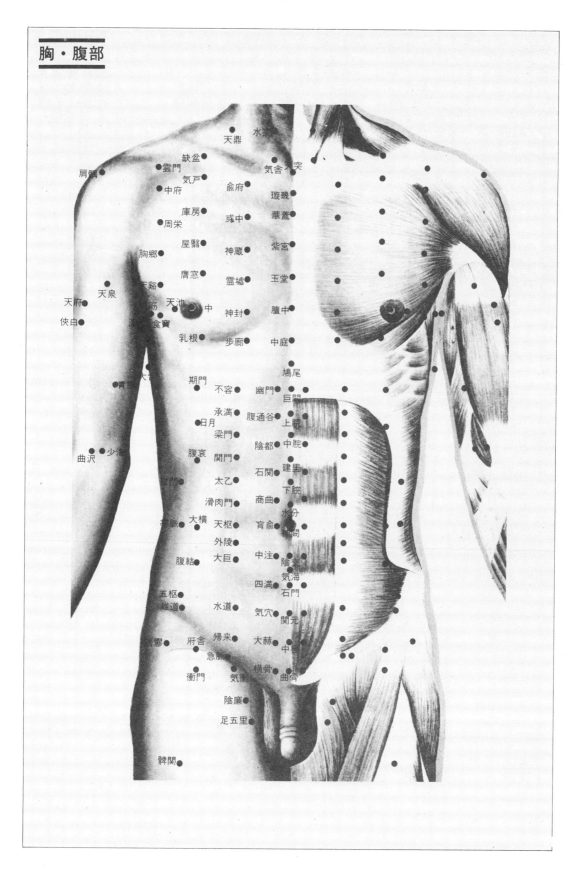

天鼎　水突
缺盆　気舎　水突
肩髃　雲門　気戸　俞府　璇璣
中府　庫房　或中　華蓋
周栄　屋翳　神蔵　紫宮
胸郷　膺窓　霊墟　玉堂
天谿　天池　膻中　膻中
天府　天泉　筋　天池　中　神封
俠白　食竇　乳根　歩廊　中庭
期門　鳩尾
不容　幽門　巨闕
承満　腹通谷　上脘
日月　梁門　陰都　中脘
曲沢　少海　腹哀　関門　石関　建里
太乙　下脘
滑肉門　商曲　水分
大横　天枢　肓俞　神闕
外陵　中注　陰交
腹結　大巨　気海
五枢　四満　石門
維道　水道　気穴　関元
帰来　大赫　中極
府舎　急脈　横骨　曲骨
衝門　気衝
陰廉
足五里
髀関

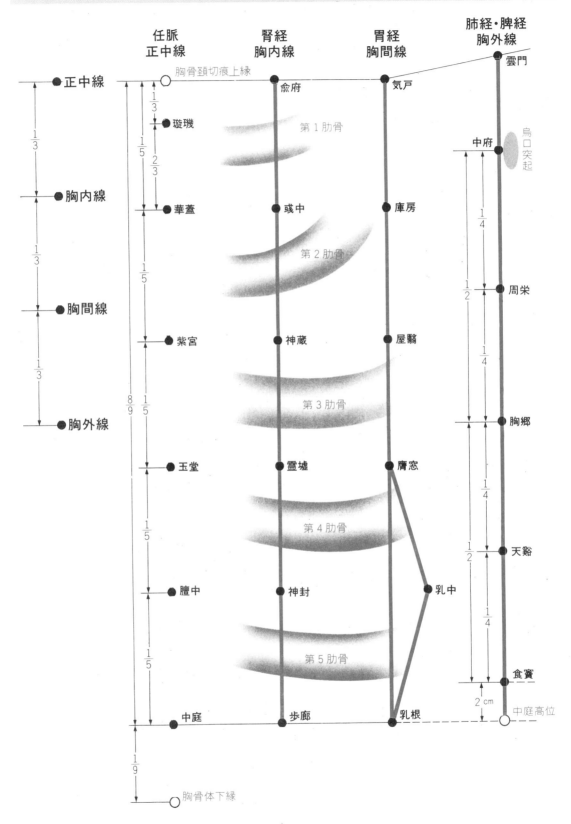

腹部의 分割基準線

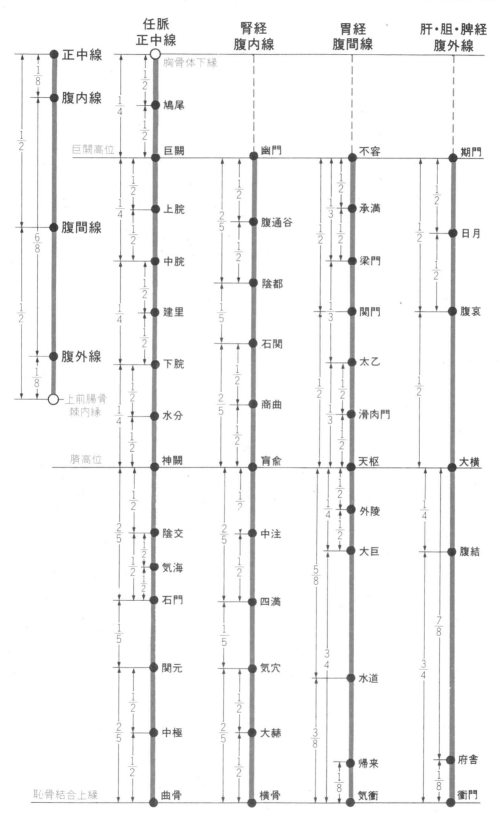

大腿部

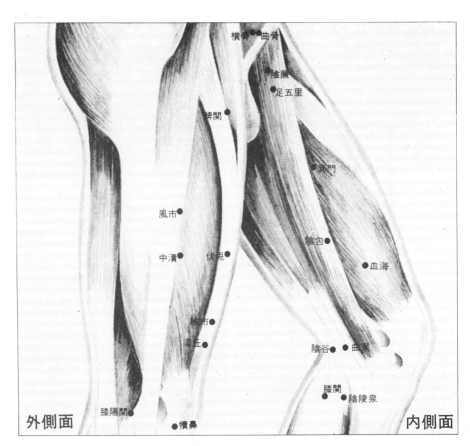

外側面

横骨 ●曲骨
陰廉
●足五里
髀関
箕門
風市
陰包
中瀆 伏兎
血海
陰市
梁丘
陰谷 ● 曲泉
膝関
陰陵泉
膝陽関
犢鼻

内側面

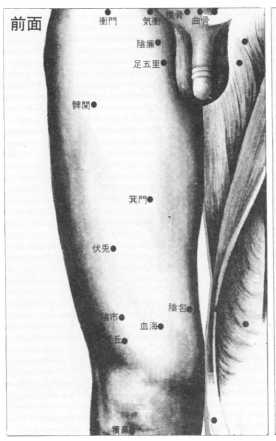

前面

衝門 気衝 横骨 曲骨
陰廉
足五里
髀関
箕門
伏兎
陰包
陰市 血海
梁丘
犢鼻

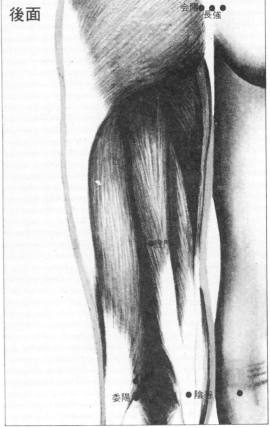

後面

会陽 長強
殷門
委陽 陰谷

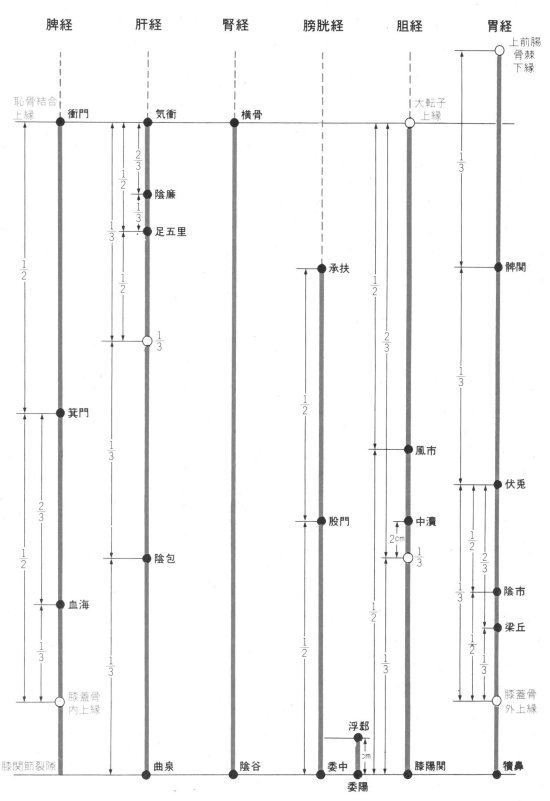

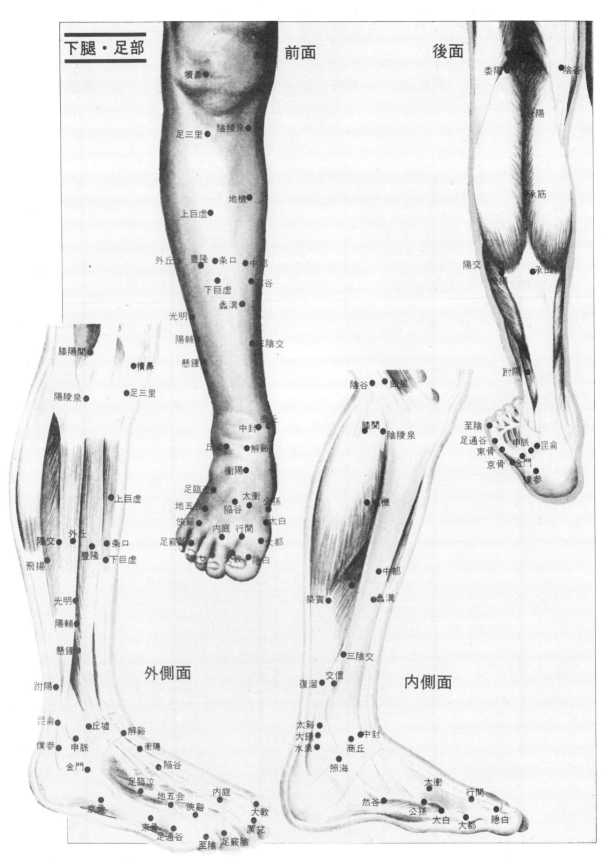

下腿・足部　　　　　　　前面　　　　　　　後面

外側面　　　　　　　　　　内側面

24

下腿部의 分割基準線

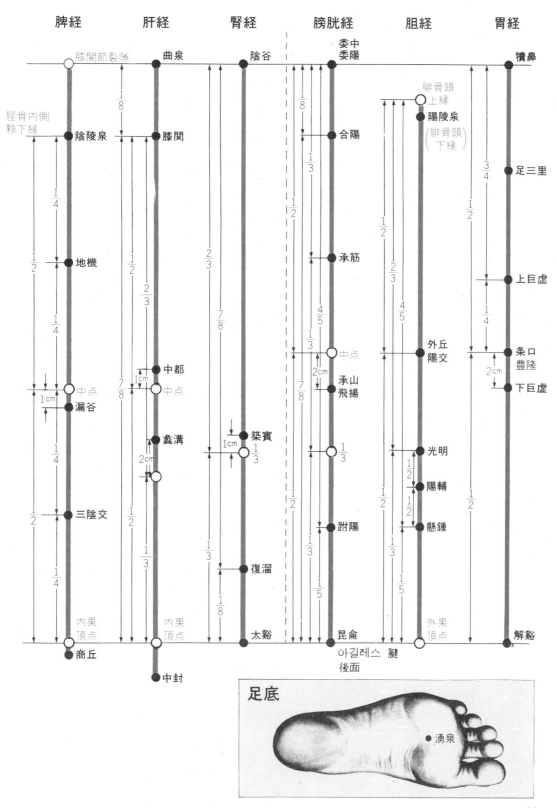

脾経	肝経	腎経	膀胱経	胆経	胃経

膝関節裂隙 曲泉 陰谷 委中・委陽 犢鼻

脛骨内側顆下縁 陰陵泉 膝関 合陽 腓骨頭上縁 陽陵泉 (腓骨頭下縁) 足三里

地機 承筋 上巨虚

中点 中都 中点 中点 承山・飛揚 外丘・陽交 条口・豊隆 下巨虚

漏谷 蠡溝 築賓 光明 陽輔 懸鍾

三陰交 跗陽 復溜 昆侖

内果頂点 内果頂点 太谿 昆侖 外果頂点 解谿

商丘 아길레스腱後面

中封

足底

湧泉

分割基準線

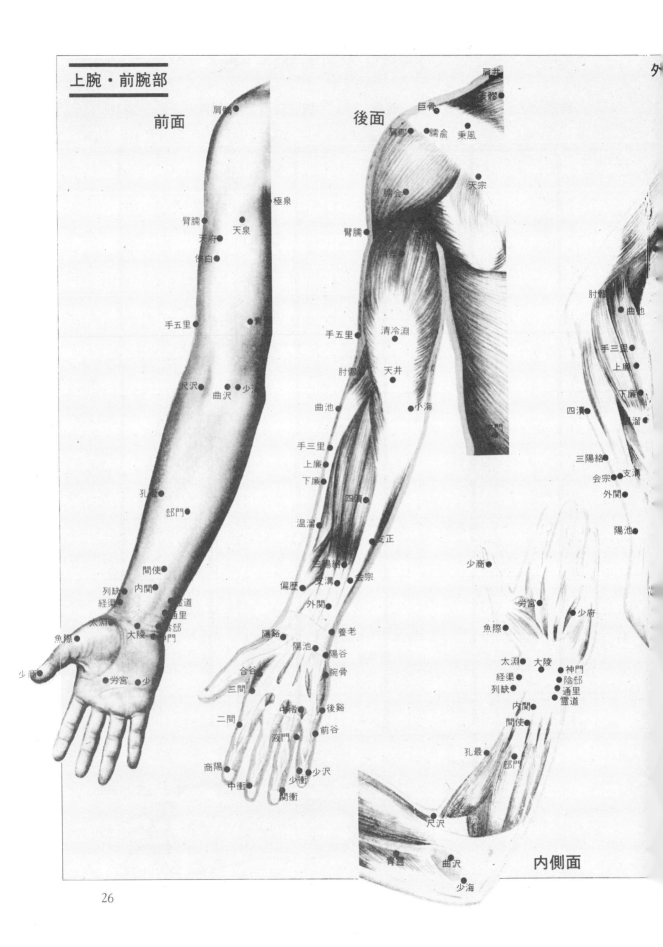

上腕・前腕部

前面

後面

内側面

26

上腕部의 分割基準線

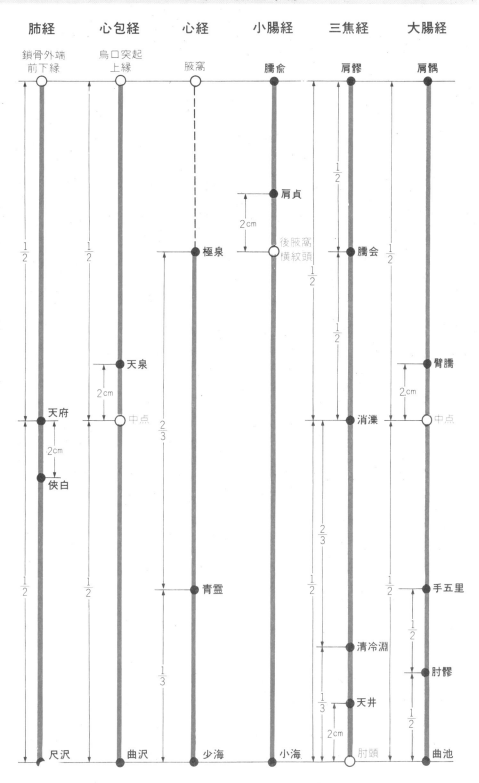

前腕部의 分割基準線

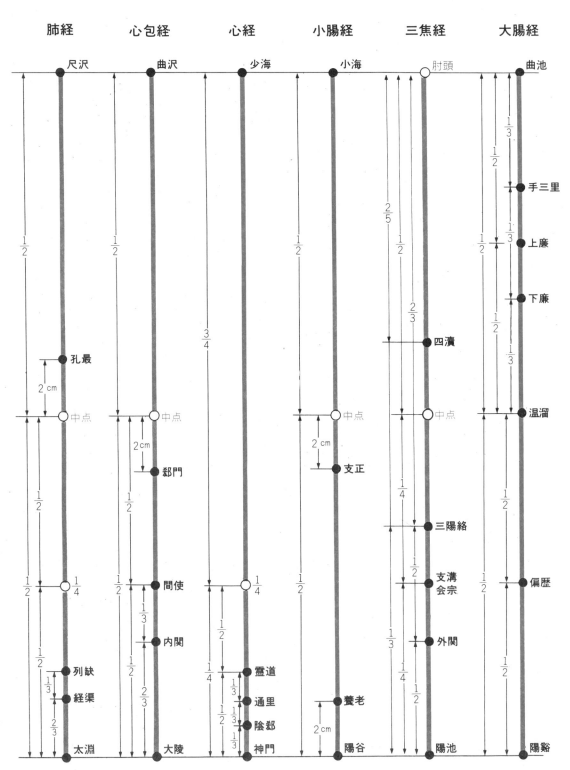

28

經絡圖一覽

폐경(肺經)

폐경은 폐로부터 가슴→팔→손바닥→모지안쪽의 손톱뿌리 옆으로 가는 경락이다. 폐기능이 항진되든가 쇠약해지면 폐경전체에 영향이 미쳐 폐경의 기의 흐름에 이상이 생긴다.

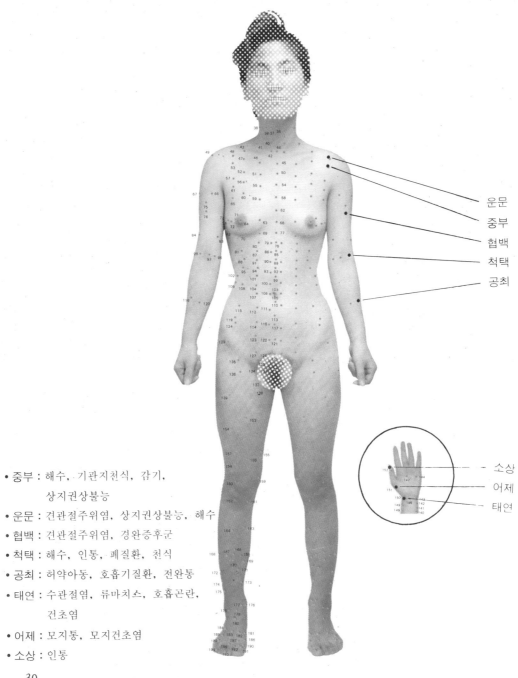

운문
중부
협백
척택
공최

소상
어제
태연

- 중부 : 해수, 기관지천식, 감기,
         상지권상불능
- 운문 : 견관절주위염, 상지권상불능, 해수
- 협백 : 견관절주위염, 경완증후군
- 척택 : 해수, 인통, 폐질환, 천식
- 공최 : 허약아동, 호흡기질환, 전완통
- 태연 : 수관절염, 류마치스, 호흡곤란,
         건초염
- 어제 : 모지통, 모지건초염
- 소상 : 인통

대장경(大腸經)

대장경은 폐경과 안팎의 밀접한 관계가 있다. 대장경의 질환인 치질은 폐경의 '공최' 혈로 치료하고, 천식에는 대장경의 '곡지', '합곡' 혈로 다스린다. 대장경의 이상은 '천추', '대장유' 혈의 딱딱함이나 통증으로 알 수 있다.

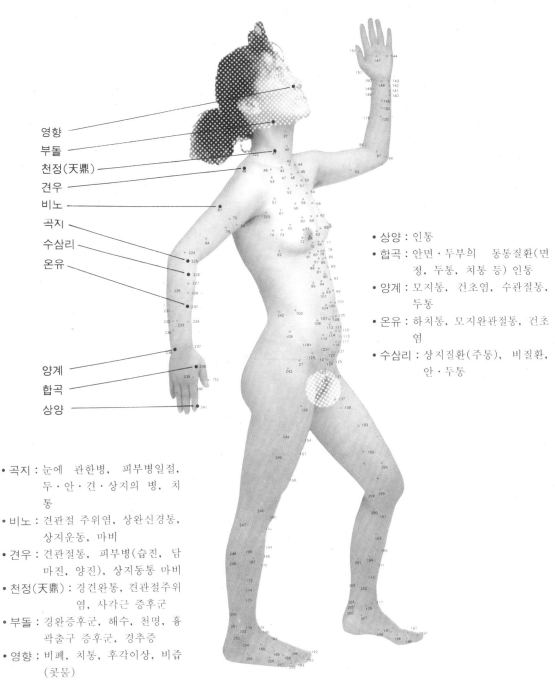

- 영향
- 부돌
- 천정(天鼎)
- 견우
- 비노
- 곡지
- 수삼리
- 온유
- 양계
- 합곡
- 상양

- 상양 : 인통
- 합곡 : 안면·두부의 동통질환(면 정, 두통, 치통 등) 인통
- 양계 : 모지통, 건초염, 수관절통, 두통
- 온유 : 하치통, 모지완관절통, 건초 염
- 수삼리 : 상지질환(주통), 비질환, 안·두통

- 곡지 : 눈에 관한병, 피부병일절, 두·안·건·상지의 병, 치 통
- 비노 : 견관절 주위염, 상완신경통, 상지운동, 마비
- 견우 : 견관절통, 피부병(습진, 담 마진, 양진), 상지동통 마비
- 천정(天鼎) : 경건완통, 견관절주위 염, 사각근 증후군
- 부돌 : 경완증후군, 해수, 천명, 흉 곽출구 증후군, 경추증
- 영향 : 비폐, 치통, 후각이상, 비즙 (콧물)

위경(胃經)

위경은 머리에서 다리끝까지 연결된 경락이며, 이 경락에 이상이 생기면 얼굴과 피부는 황색이 되며 입술은 트고 갈라진다. 명치 끝과 배꼽의 사이를 눌러보면 묵직한 통증이 있다.

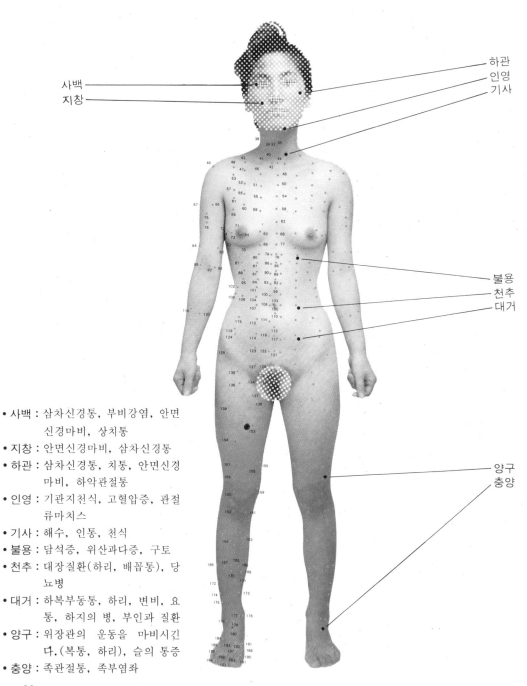

- **사백** : 삼차신경통, 부비강염, 안면 신경마비, 상치통
- **지창** : 안면신경마비, 삼차신경통
- **하관** : 삼차신경통, 치통, 안면신경 마비, 하악관절통
- **인영** : 기관지천식, 고혈압증, 관절 류마치스
- **기사** : 해수, 인통, 천식
- **불용** : 담석증, 위산과다증, 구토
- **천추** : 대장질환(하리, 배꼽통), 당 뇨병
- **대거** : 하복부동통, 하리, 변비, 요 통, 하지의 병, 부인과 질환
- **양구** : 위장관의 운동을 마비시킨 다.(복통, 하리), 슬의 통증
- **충양** : 족관절통, 족부염좌

비경(脾經)

　　비(췌장)경은 위경과 함께 인체의 소화기계통의 경락으로 췌액 및 인슐린분비와 관련이 있다.

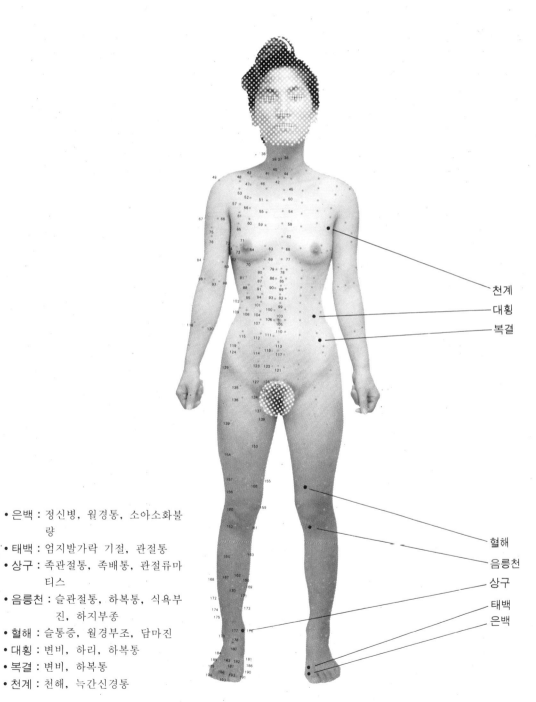

천계
대횡
복결
혈해
음릉천
상구
태백
은백

- 은백 : 정신병, 월경통, 소아소화불량
- 태백 : 엄지발가락 기절, 관절통
- 상구 : 족관절통, 족배통, 관절류마티스
- 음릉천 : 슬관절통, 하복통, 식욕부진, 하지부종
- 혈해 : 슬통증, 월경부조, 담마진
- 대횡 : 변비, 하리, 하복통
- 복결 : 변비, 하복통
- 천계 : 천해, 늑간신경통

심경(心經)

심경은 생명의 중심인 심장의 에너지 순환계 경락이다. 심경의 이상이 있는 경우 '거궐', '심유' 혈에 경결이나 통증이 나타난다. 동계·숨가쁨·흉통·수족의 냉 등의 증상이 있으면 이들 혈을 살핀다.

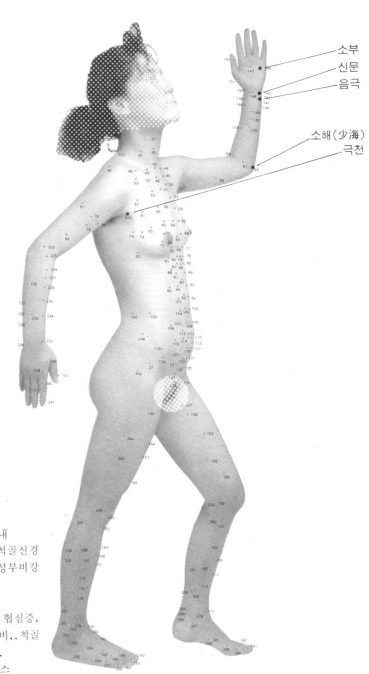

소부
신문
음극

소해(少海)
극천

- 극천 : 견갑관절주위염, 암내
- 소해(少海) : 주통, 이명, 척골신경의 장해, 만성부비강염, 협심증
- 음극 : 심계항진, 언어장해
- 신문 : 중추신경계의 진정, 협심증, 소지마비, 유뇨, 변비,,척골신경의 아픔과 저림.
- 소부 : 탄발지, 관절류마치스

소장경(小腸經)

위로 소화하고 비로 흡수하면, 전신에 에너지가 되어 순환된 곡물의 개스는 소장을 거쳐 배꼽 바로 위의 '수분' 혈에서 개스는 대장으로 보내고 수분(물)은 방광으로 보내진다. 소장경에 이상이 있으면 '관원', '소장유' 혈에 경결이 나타난다.

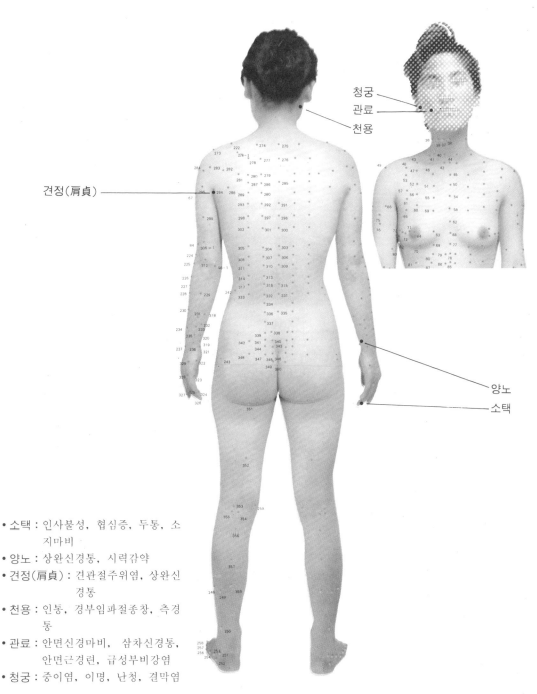

- **소택** : 인사불성, 협심증, 두통, 소지마비
- **양노** : 상완신경통, 시력감약
- **견정(肩貞)** : 견관절주위염, 상완신경통
- **천용** : 인통, 경부임파절종창, 측경통
- **관료** : 안면신경마비, 삼차신경통, 안면근경련, 급성부비강염
- **청궁** : 중이염, 이명, 난청, 결막염

방광경(膀胱經)

방광경은 머리→어깨→등→허리→둔부→대퇴→하퇴→발의 소지까지 이어지는 긴 경락이다. 이상이 있을 때 '방광유', '중극'혈에 경결과 통증이 나타난다.

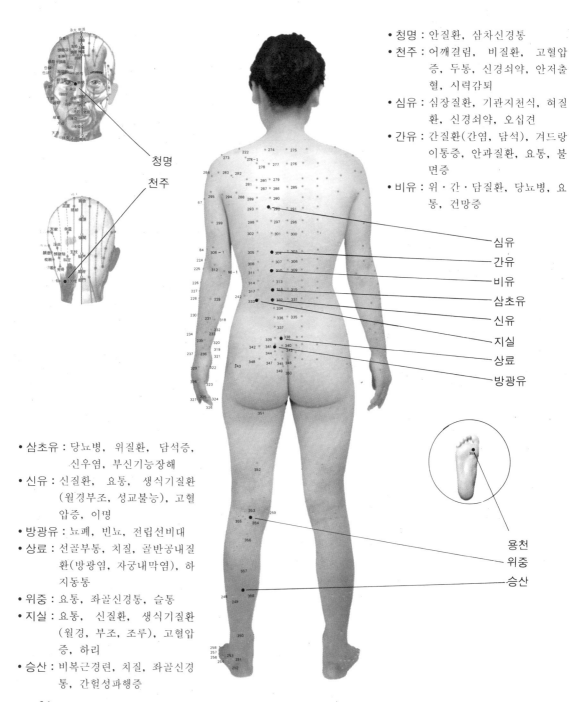

- 청명 : 안질환, 삼차신경통
- 천주 : 어깨걸림, 비질환, 고혈압증, 두통, 신경쇠약, 안저출혈, 시력감퇴
- 심유 : 심장질환, 기관지천식, 허질환, 신경쇠약, 오십견
- 간유 : 간질환(간염, 담석), 겨드랑이통증, 안과질환, 요통, 불면증
- 비유 : 위·간·담질환, 당뇨병, 요통, 건망증

청명
천주

심유
간유
비유
삼초유
신유
지실
상료
방광유

- 삼초유 : 당뇨병, 위질환, 담석증, 신우염, 부신기능장해
- 신유 : 신질환, 요통, 생식기질환(월경부조, 성교불능), 고혈압증, 이명
- 방광유 : 뇨폐, 빈뇨, 전립선비대
- 상료 : 선골부통, 치질, 골반강내질환(방광염, 자궁내막염), 하지동통
- 위중 : 요통, 좌골신경통, 슬통
- 지실 : 요통, 신질환, 생식기질환(월경, 부조, 조루), 고혈압증, 하리
- 승산 : 비복근경련, 치질, 좌골신경통, 간헐성파행증

용천
위중
승산

신경(腎經)

　동양의학에서 가장 중요시 하는 생명의 에너지가 있는 곳이 신장이다. 이 기능이 저하되면 요통이 있고 피로하기 쉬우며 정력이 약해진다. 이상이 있으면 '신유', '황유' 혈에 경결이나 통증이 나타난다.

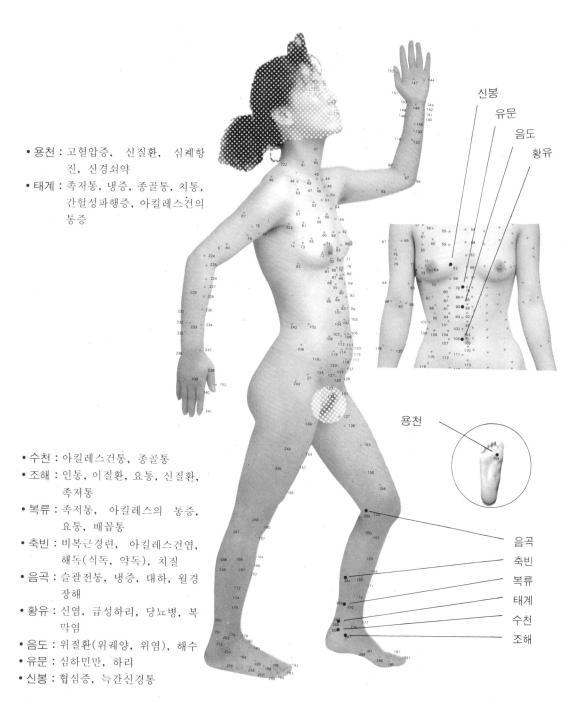

- 용천 : 고혈압증, 신질환, 심제항진, 신경쇠약
- 태계 : 족저통, 냉증, 종골통, 치통, 간헐성파행증, 아킬레스건의 통증

신봉
유문
음도
황유

용천

- 수천 : 아킬레스건통, 종골통
- 조해 : 인통, 이질환, 요통, 신질환, 족저통
- 복류 : 족저통, 아킬레스의 통증, 요통, 배꼽통
- 축빈 : 비복근경련, 아킬레스건염, 해독(식독, 약독), 치질
- 음곡 : 슬괄전통, 냉증, 대하, 월경장해
- 황유 : 신염, 급성하리, 당뇨병, 복막염
- 음도 : 위질환(위궤양, 위염), 해수
- 유문 : 심하민만, 하리
- 신봉 : 협심증, 늑간신경통

음곡
축빈
복류
태계
수천
조해

심포경(心包經)

　심포는 고정적인 형이나 기능이 있는 것이 아니고, 심장을 싸고 보호하는 막모양의 것이 있다고 생각하여 붙인 이름으로, 심장에 관계있는 병은 심포경의 '단중', '궐음유' 혈에 경결이나 통증이 나타난다.

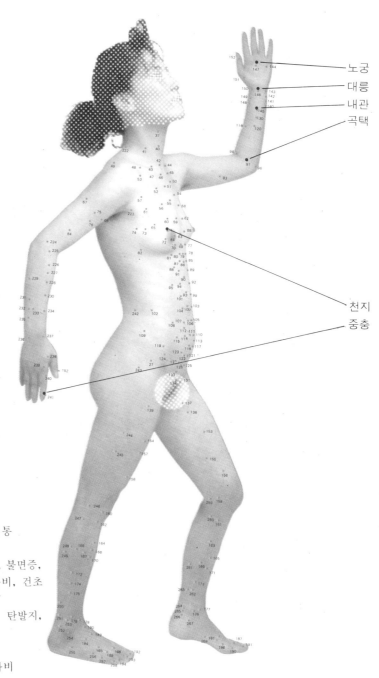

- 천지 : 심장질환, 늑간신경통
- 곡택 : 주관절염
- 내관 : 구기, 구토, 신경증, 불면증, 위통, 흉통, 중지마비, 건초 염
- 대릉 : 수관절통, 건초염, 탄발지, 심질환
- 노궁 : 탄발지, 흉통
- 중충 : 라이네르병, 중지마비

삼초경(三焦經)

삼초경은 상초(목아래~명치), 중초(명치~배꼽), 하초(배꼽~치부)로 나뉘며 각기 호흡순환계, 소화흡수계, 비뇨배설계의 현대의학적 분류를 할 수 있다. 인체의 체온을 조절하는 기관이다.

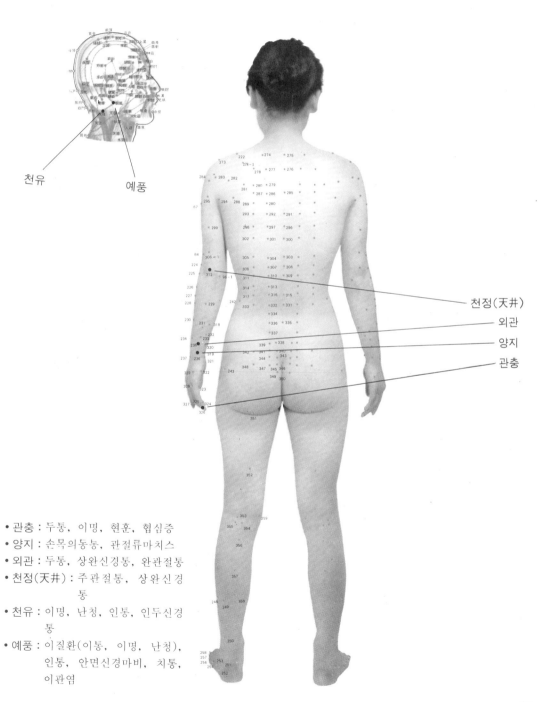

천유

예풍

천정(天井)

외관

양지

관충

- 관충 : 두통, 이명, 현훈, 협심증
- 양지 : 손목의동통, 관절류마치스
- 외관 : 두통, 상완신경통, 완관절통
- 천정(天井) : 주관절통, 상완신경
       통
- 천유 : 이명, 난청, 인통, 인두신경
       통
- 예풍 : 이질환(이통, 이명, 난청),
       인통, 안면신경마비, 치통,
       이관염

담경(膽經)

간의 기능을 도와주는 경락으로 담경에 이상이 있을 때 '일월', '단유' 혈에 경결이나 통증이 나타난다.

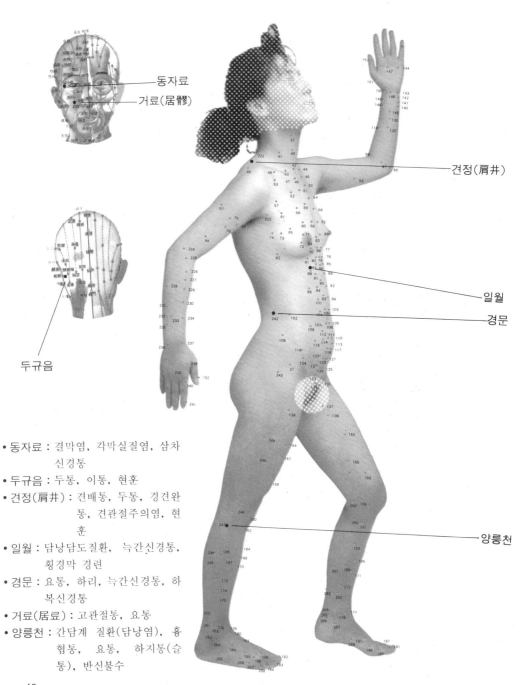

동자료

거료(居髎)

견정(肩井)

일월

경문

두규음

양릉천

- 동자료 : 결막염, 각막실질염, 삼차 신경통
- 두규음 : 두통, 이통, 현훈
- 견정(肩井) : 견배통, 두통, 경견완 통, 견관절주의염, 현 훈
- 일월 : 담낭담도질환, 늑간신경통, 횡경막 경련
- 경문 : 요통, 하리, 늑간신경통, 하 복신경통
- 거료(居료) : 고관절통, 요통
- 양릉천 : 간담계 질환(담낭염), 흉 협통, 요통, 하지통(슬 통), 반신불수

40

간경(肝經)

　간경은 12경락의 끝부분 경락으로, 엄지발가락의 '대돈' 혈에서 시작하여 '기문' 혈에서
갈라져 12경락의 시작인 폐경으로 돌아간다. 간경과 신경은 인간의 생명 전체를 지키는
경락으로 특히 간경은 남녀성기의 증상이 나타나는 혈이 많이 있다.

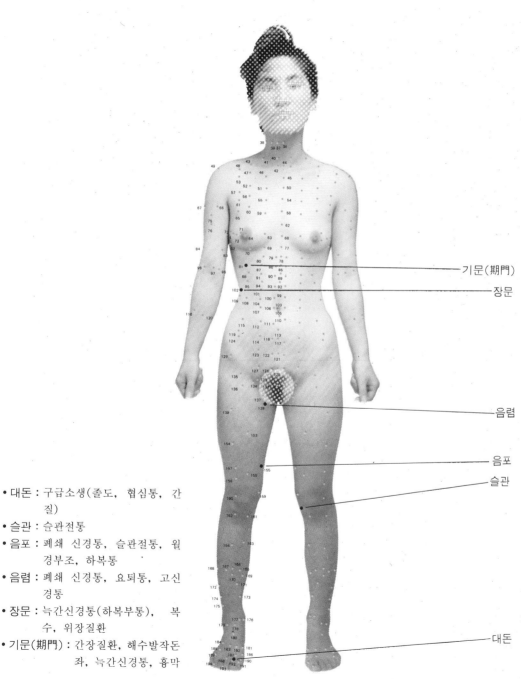

기문(期門)

장문

음렴

음포

슬관

대돈

- 대돈 : 구급소생(졸도, 협심통, 간
　　　　질)
- 슬관 : 슬관절통
- 음포 : 폐쇄 신경통, 슬관절통, 월
　　　　경부조, 하복통
- 음렴 : 폐쇄 신경통, 요퇴통, 고신
　　　　경통
- 장문 : 늑간신경통(하복부통), 　복
　　　　수, 위장질환
- 기문(期門) : 간장질환, 해수발작돈
　　　　　　　 좌, 늑간신경통, 흉막

독맥(督脈)

독맥은 12경락에 대하여 '기경8맥'이라 불리우는 중의 하나이다. 12경락과 합쳐 독맥·임맥을 14경락이라 하며, 12경락의 에너지의 흐름을 잘 조절하는 기능으로 머리→허리→엉덩이까지 신체뒤의 경락을 감독한다.

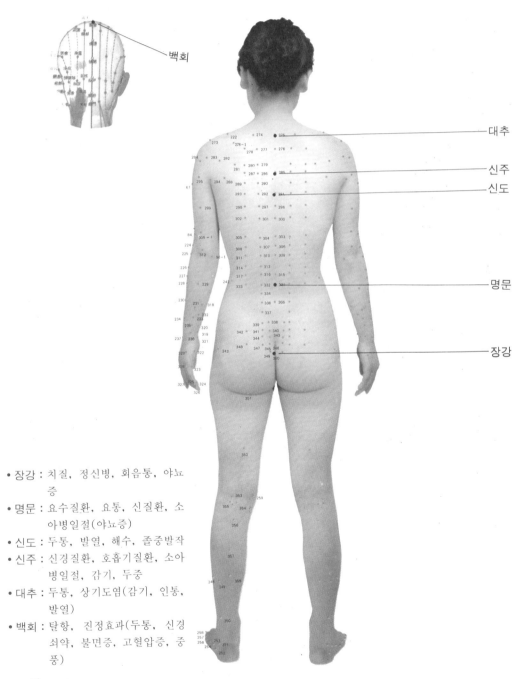

- 장강 : 치질, 정신병, 회음통, 야뇨증
- 명문 : 요수질환, 요통, 신질환, 소아병일절(야뇨증)
- 신도 : 두통, 발열, 해수, 졸중발작
- 신주 : 신경질환, 호흡기질환, 소아병일절, 감기, 두중
- 대추 : 두통, 상기도염(감기, 인통, 발열)
- 백회 : 탈항, 진정효과(두통, 신경쇠약, 불면증, 고혈압증, 중풍)

임맥(任脈)

얼굴→앞목→가슴→배→치골까지 뻗어 있는 임맥은 신체의 앞 경락을 관장한다. 여성의 생리와 밀접한 관계가 있으며 부인과 질병에 듣는 혈이 많다. 임맥혈은 불임증·생리이상·체력조절에 활용한다.

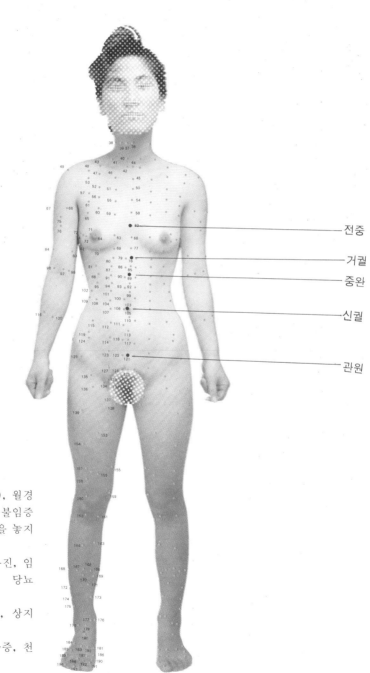

전중
거궐
중완
신궐
관원

- 관원 : 장질환(설사, 하복통), 월경통, 빈뇨, 성욕감퇴, 불임증
- 신궐 : 하리(따뜻한 뜸), 침을 놓지 말것
- 중완 : 위질환(위통), 식욕부진, 임신입덧, 소화기질환, 당뇨병
- 거궐 : 격심한 위통, 심장병, 상지 권상불능
- 전중 : 심장병, 신경증, 우울증, 천명

症狀別 經穴治療 秘法

두 통 　　㊀　　Headache

원인과 증상

두통의 원인은 감기・발열・고혈압・저혈압・동맥경화・변비등 실로 여러가지이며 눈의 피로・중이염・충치 등으로도 두통이 일어난다.

. 그 밖에 원인이 분명치 않은 본태성 두통, 긴장성 두통, 혈관성 두통도 있다. 두통은 일반적으로 관자놀이나 후두부등 두개골 외에서 느끼지만 이것은 두개내에서 일어나는 통증이 밖으로 나타나는 것으로 대부분의 통증은 두개내에서 일어난다. 따라서 내부에 어디가 아픈가에 따라 나타나는 증상도 당연히 달라진다.

. 1) 전두통－이마에서 머리 앞쪽이 아픈 경우로 코나 눈에 이상이 있는 사람에게(특히 축농증)많다. 침이나 자석으로 통증이 억제되지만 원인을 치료하는 것이 선결.

2) 후두통－고혈압증 환자에 많이 있는 두통으로, 혈압이 높고 후경부에서 후두부에 걸쳐 통증이나 둔통이 있는 분은 먼저 혈압을 내리는 치료를 하는 것이 중요.

3) 편두통－머리 한 쪽이 아픈 증상으로 원인은 불명. 혈관성으로 오는 편두통은 구토증세가 있을 정도로 심하며, 긴장성・심인성에서 오는 편두통 환자는 어깨・목 근육 결림을 호소하는 예가 많기 때문에 그 부분의 결림을 제거하는 것도 중요.

4) 전두통－전체의 머리가 무겁게 아픈 두통. 자율신경실조증 환자에게서 많이 볼 수 있는 두통으로 정신생활의 콘트롤이 중요.

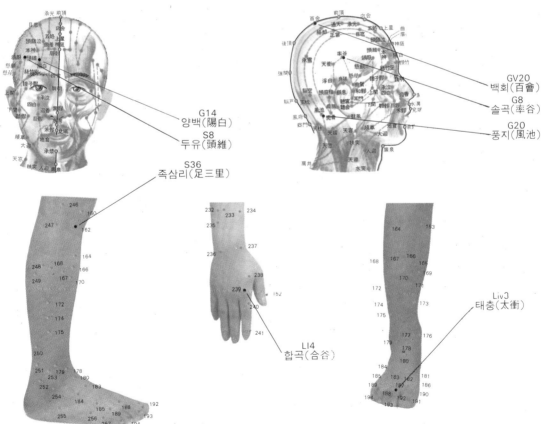

G14 양백(陽白)
S8 두유(頭維)
S36 족삼리(足三里)
GV20 백회(百會)
G8 솔곡(率谷)
G20 풍지(風池)
LI4 합곡(合谷)
Liv3 태충(太衝)

45

편두통(偏頭痛) ㊀ Migrain

원인 및 증상

편두통은 주기적으로 심한 두통발작을 일으키는 질환으로 지속시간은 수시간으로 경우에 따라서는 수일에 걸쳐 일어난다. 특히 긴장성, 과민성등 신경성 체질에 흔히 발생하며 또한 내상, 노권으로 인하여 허열이 위로 솟게 되거나, 비위가 충족되지 못하여서 음한이 울체되는 것도 경·맥에 충격을 가하여서 청장을 제압함으로서 두통과 현훈현상을 발하며 식욕부진, 구토오심 등의 위장장애를 수반한다. 일과성인 안증상을 수반하는 경우도 있으며 특히 여자에게 더 많이 일어나며 월경과 관계되는 수가 많다. 일반적으로 머리의 한쪽에서만 동통이 일어나며 환부의 화색이 파랗게 변색하고 나머지 쪽은 붉어지며 구토증상을 유발한다.

아래의 혈을 찾아서 시술하면 효과적이며 혈에 따라서는 구(뜸)요법을 병행하여 치료하면 더욱 효과적이다.

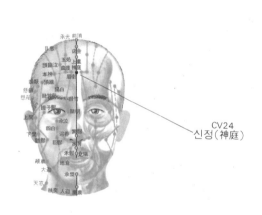

CV24
신정(神庭)

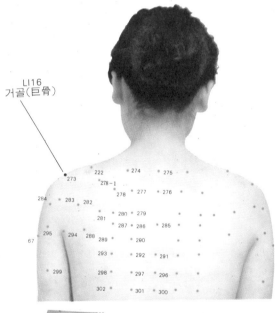

LI16
거골(巨骨)

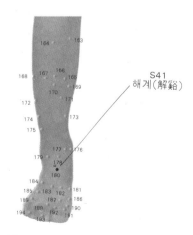

S41
해계(解谿)

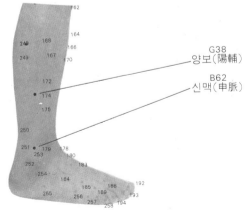

G38
양보(陽輔)

B62
신맥(申脈)

안면근육통(신경통) ⊖ Facial neuralgia

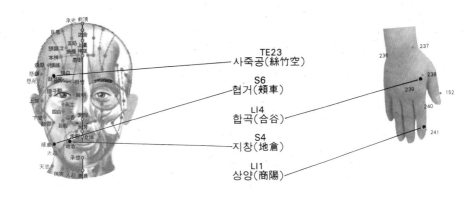

TE23
사죽공(絲竹空)

S6
협거(頰車)

LI4
합곡(合谷)

S4
지창(地倉)

LI1
상양(商陽)

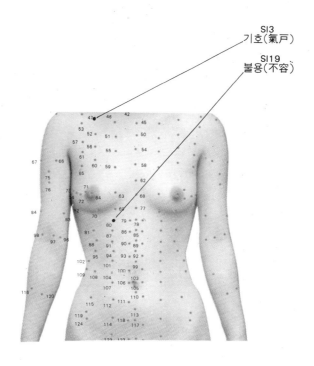

SI3
기호(氣戶)

SI19
불용(不容)

삼차신경통(三叉神經痛(顔痛)) ⊕   Trigeminal neuralgia

원인 및 증상

중년여성층에서 많이 보이는 증상중에 삼차신경통이 있다(삼차 신경은 뇌신경의 한 가지(枝)로 신경의 지배영역은 안면 전체를 지배함). 증세는 얼굴의 반에 약간의 둔통을 느끼다가, 증세가 진행되면 몸을 움직일 때마다 얼굴에서 머리 뒤, 어깨까지 칼로 자르고 불에 타는 듯한 아픔이 있고, 입도 마음대로 벌릴 수가 없어서 식사도 할 수 없게 된다. 어떤 경우에는 밤잠도 잘 수 없고 신경과민이 되어 심신이 함께 피로해지는 것이 이 병의 특징이다. 중증의 삼차신경통은 전문가의 진료를 받아야 하나, 가벼운 증상일 때는 아래 혈대로 자기 혼자 전자침으로 시술하면 통증이 가시며 효과도 좋다.

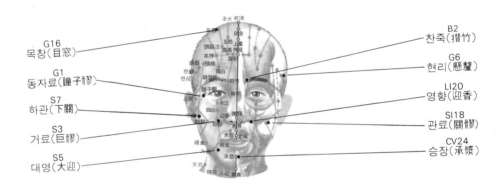

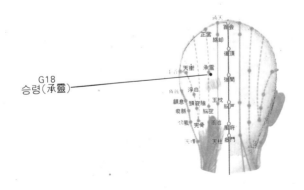

안면(顔面)경련 　　　　　　　㊀　　　　　　　　Facial spasm

원인 및 증상

　안면에는 통증, 냉기, 온도 등을 느끼는 삼차신경과 안면근육을 지배하는 「안면신경」 두 개의 신경이 퍼져 있다. 통증을 느끼는 것은 삼차신경이며, 안면마비와 경련은 안면신경이 원인이다. 얼굴의 피부는 몸의 다른 부분의 피부와 달라서 근육과 하나의 뼈로 되어 있다. 얼굴의 표정은 얼굴의 근육을 신축하는 안면신경의 기능에 따라 근육과 피부

는 똑같이 신축한다. 얼굴의 경련은 안면신경의 기능이 항진됐을 때 일어나는데 눈꺼풀이나 입술이 툭툭 튀는 것 같은 경련을 일으키는 사람이 있다. 이것도 안면신경의 기능이 항진되어 눈과 입 주변의 근육을 조절할 수 없기 때문에 일어나는 것이며 다음 경혈을 치료하면 효과적인 치료를 할 수 있다.

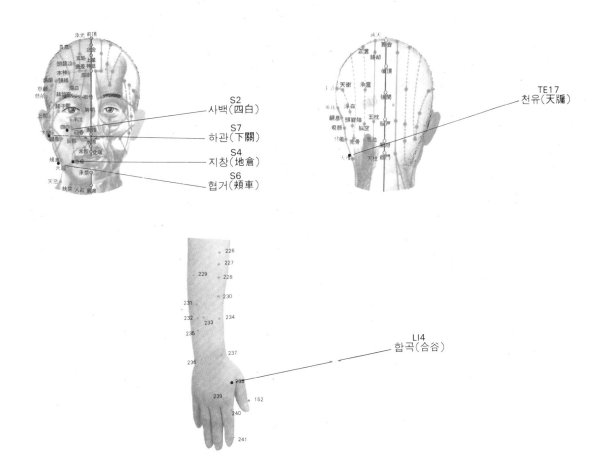

S2
사백(四白)

S7
하관(下關)

S4
지창(地倉)

S6
협거(頰車)

TE17
천유(天牖)

LI4
합곡(合谷)

안면마비   ⊕   Facial paralysis

원인 및 증상

　안면마비현상은 선풍기를 켜둔 채 잠을 자고 일어나보니 얼굴이 한쪽으로 비틀어져서 움직이지 못하는 때가 있다. 이것이 바로 안면 마비증세이다. 이 증세는 장시간 얼굴이 냉해 있었든가 심신의 과로가 계속됐을 때 안면신경의 기능이 떨어지기 때문에 나타난다. 심하면 눈을 감을 수가 없고 음식물이 입에서 흘러 내린다. 증세가 심하고 안면 전체가 마비 됐을 때는 뇌중추의 병변이 원인이다.

　아래의 혈을 찾아서 주기적으로 시술하면 효과가 좋으며 혈에 따라서는 구(뜸)요법을 병행하여 치료하면 더욱 효과가 좋다.

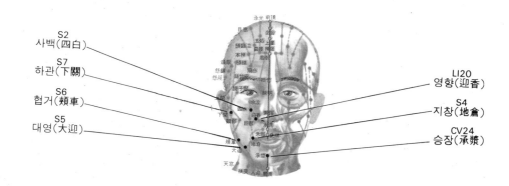

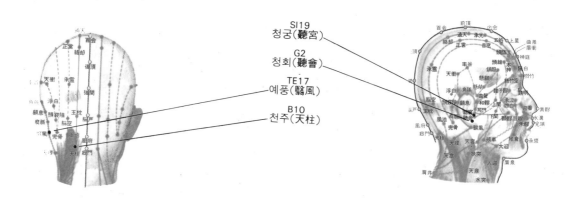

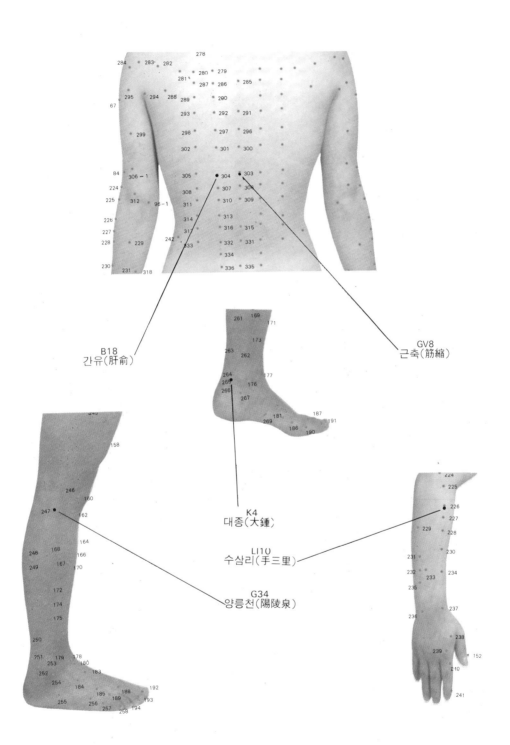

B18
간유(肝俞)

GV8
근축(筋縮)

K4
대종(大鍾)

LI10
수삼리(手三里)

G34
양릉천(陽陵泉)

방광염(膀胱炎)　　　　㊀　　　　Cystitis

원인 및 증상

　　방광염은 방광의 요배설이 부진할 때 일어나기 쉬운 질환으로 요도의 질환과 신장의 질환에서 이행되어 속발되는 경우가 많으며 뇨의 빈수, 배뇨동통, 배뇨곤란 등을 수반하고 방광부의 동통 압박감을 받게 된다. 또한 방광 괄약근이 경련을 일으키는 경우도 있는데 이때에도 뇨의는 비록 무수히 나타나지만

배출되는 요량은 적으며 심하면 나오지 않는 경우도 있다. 배뇨시에는 통증을 느끼게 되고 얼굴빛이 창백해지며 발열을 수반하는 수도 있으며 경우에 따라서는 농뇨, 혈뇨도 있게 된다. 아울러 아래의 혈을 찾아서 전자침으로 주기적으로 시술하면 효과가 좋으며 투약을 병행하여 치료하여야 효과가 좋다.

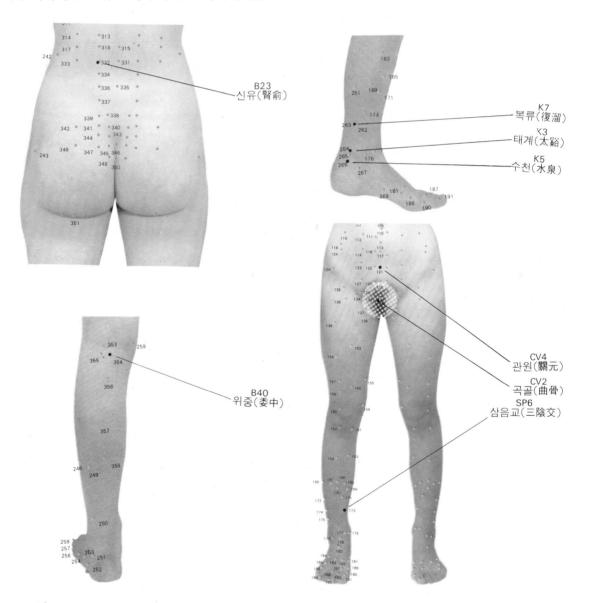

B23
신유(腎兪)

K7
복류(復溜)

K3
태계(太谿)

K5
수천(水泉)

B40
위중(委中)

CV4
관원(關元)

CV2
곡골(曲骨)

SP6
삼음교(三陰交)

조루   ⊕   Prospermia

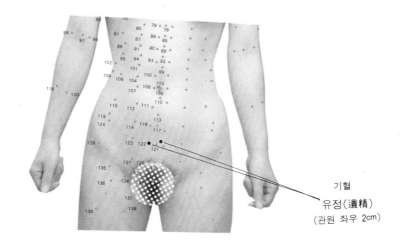

기혈

유정(遺精)

(관원 좌우 2cm)

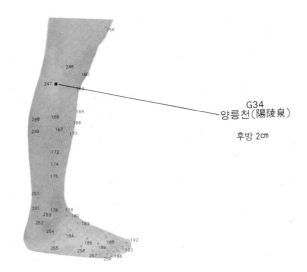

G34
양릉천(陽陵泉)

후방 2cm

신장염(腎臟炎)   ⊝   Nephritis

원인 및 증상

신장염은 신장중의 사구체에서 시작되는 신질환으로서 사구체 신염이라고도 한다. 유종과 단백뇨외에 혈뇨도 수반하며 중증에는 신장부의 통증, 발열, 호흡곤란도 있으며 특히 혈압이 상승하며 뇨량도 감소되고 유종은 언편에서 전신에 퍼진다. 경우에 따라서는 유종이 없는 수도 있다. 만성증세로 이행하기 쉬우며 뇨독증, 심장쇠약, 출혈 등을 일으키기 쉽다. 위축신은 조직이 파양되어 신전체가

위축되는 질환으로 고혈압증과 만성신염에서 발생하는 경우가 많다. 일반적으로 두통, 견음통, 이명, 현훈, 불면증상을 수반하며 경우에 따라 흉민이 일어나든가 출혈할 때도 있다.

아래의 혈을 찾아서 주기적으로 시술하면 효과적이며 투약과 구(뜸)요법을 병행하면 더욱 좋다.

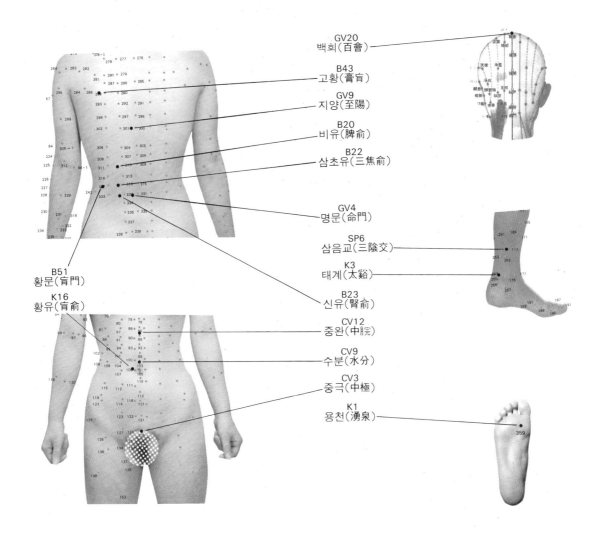

임포턴스(성적불능) ⊕ Impotence

원인 및 증상

남성의 성적불능(性的不能), 소위 임포턴스의 원인은 다음과 같은 요인 때문이다. 페니스 자체의 기능장해, 교통사고에 의한 뇌나 척추·중추신경의 손상, 알콜과 수면제·환각제 등의 사용에 의한 약물중독, 당뇨병, 지방이 이상적으로 너무 비만해지는 비만병(肥滿病) 등의 원인이다. 그러니, 압도적으로 많은 것은 심리적인 임포턴스이다. 이 임포턴스는 복잡한 현대생활과 기계문명의 변형에서 태어난 일종의 문명병이라 하겠다. 원래 정신면의 영향을 받기 쉬운 성기능은 정신적 중압감과 사회적인 환경과 성도덕의 퇴폐와 규칙에 민감한 반응을 나타내는 것이다. 아래의 경혈을 전자침으로 찾아서 시술하면 효과가 좋으며 주기적으로 끈기있게 사용하면 효과가 더욱 좋다.

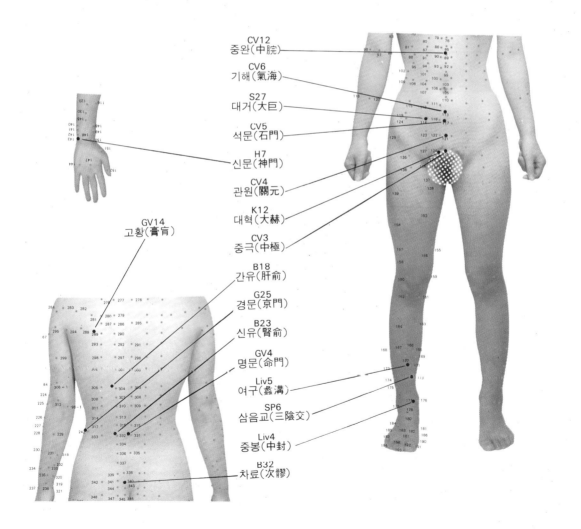

CV12 중완(中脘)
CV6 기해(氣海)
S27 대거(大巨)
CV5 석문(石門)
H7 신문(神門)
CV4 관원(關元)
K12 대혁(大赫)
CV3 중극(中極)
B18 간유(肝兪)
G25 경문(京門)
B23 신유(腎兪)
GV4 명문(命門)
Liv5 여구(蠡溝)
SP6 삼음교(三陰交)
Liv4 중봉(中封)
B32 차료(次髎)
GV14 고황(膏肓)

담석   ⊕   Cholelithiasis

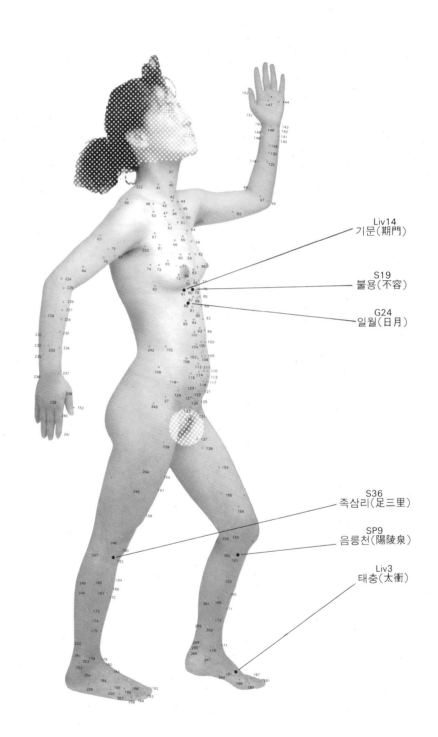

Liv14
기문(期門)

S19
불용(不容)

G24
일월(日月)

S36
족삼리(足三里)

SP9
음릉천(陽陵泉)

Liv3
태충(太衝)

| 신장결석(통증) | ㅡ | Nephrolithiasis |

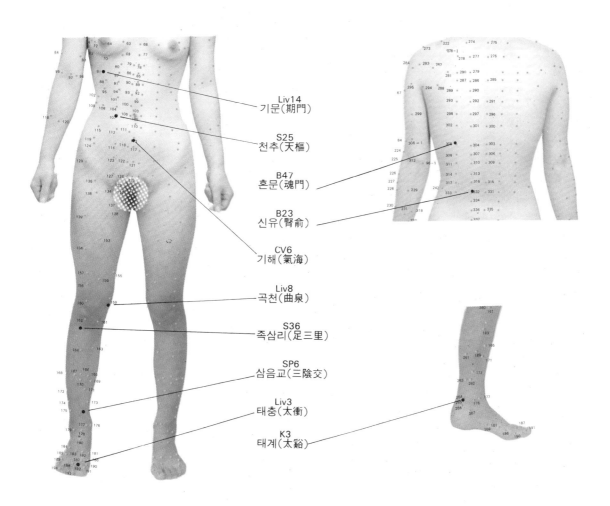

Liv14
기문(期門)

S25
천추(天樞)

B47
혼문(魂門)

B23
신유(腎兪)

CV6
기해(氣海)

Liv8
곡천(曲泉)

S36
족삼리(足三里)

SP6
삼음교(三陰交)

Liv3
태충(太衝)

K3
태계(太谿)

고혈압증 ㊀ Hyperpiesia

원인과 증상

혈압에는 최고혈압과 최저혈압이 있어 심장수축기의 혈압을 최고혈압, 확장기의 혈압을 최저혈압이라 하고 어느쪽이 높아도 고혈압증이다. 일반적으로 정상혈압치는 나이에 90을 더한 수치가 최고혈압평균치이고 그 수치에서 40~50을 뺀 수치가 최저혈압평균치

이다. 혈압이 이들 수치보다 20~30이상 높은 경우가 고혈압증이다. 최저혈압이 높으면 동맥경화에 의심이 있고 치료에 시간과 수고가 든다. 원인에는 신장, 동맥경화, 당뇨, 본태성등 여러가지가 있다.

주요경혈 ; 곡지, 소해, 족삼리, 태충

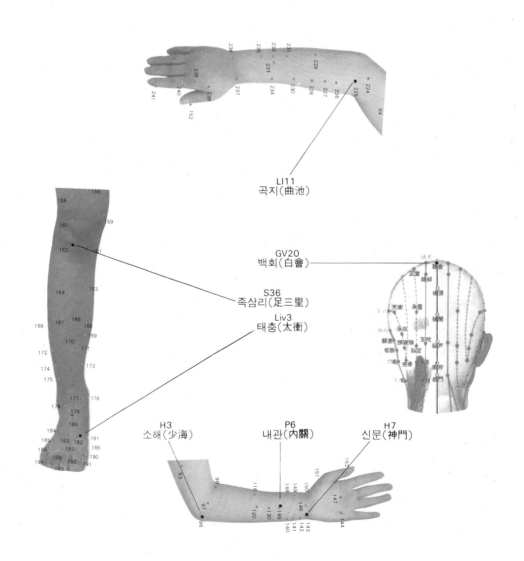

LI11
곡지(曲池)

GV20
백회(白會)

S36
족삼리(足三里)

Liv3
태충(太衝)

H3
소해(少海)

P6
내관(內關)

H7
신문(神門)

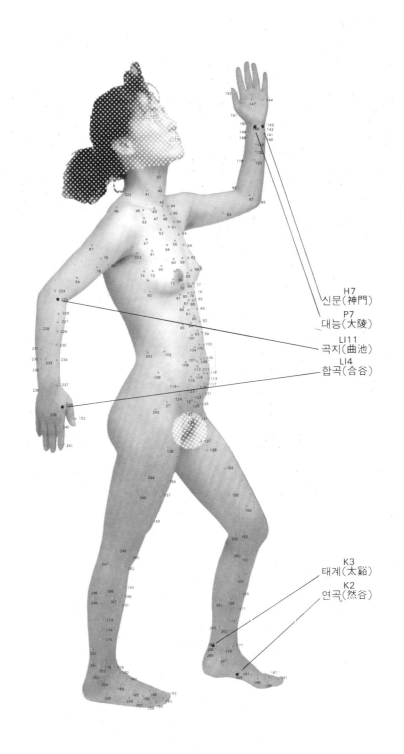

H7
신문(神門)
P7
대능(大陵)
LI11
곡지(曲池)
LI4
합곡(合谷)

K3
태계(太谿)
K2
연곡(然谷)

반신불수(半身不隨)　　⊕　　Hemiplegia

원인 및 증상

반신불수는 크게 나누어 두 가지가 있는데, 하나는 뇌 속의 혈관이 동맥경화를 일으켜 좁아져 있어 견디지 못해 터져서 출혈하는 경우이며, 또 하나는 뇌혈관이 혈액의 덩어리나 이물질 때문에 막혀버려 그 앞에 모세혈관까지 혈액이 돌지 못하는 경우이다. 그 때문에 혈액의 순환에 의해 양분을 받고 있는 뇌세포에 영양장해를 일으켜 점점 기능이 둔화되고 뇌연화되는 것이다.

뇌혈관의 이상으로 생긴 반신불수의 치료는 사실상 동양의학에서 다루는 것이 아니다. 전문적인 「리허빌리테이션」의 치료를 받을 것을 권한다. 다만 수족이 부자유스럽기 때문에 일어나는 증세를 경감해주고 가벼운 정도의 반신불수의 치료는 다음 경혈을 주기적으로 시술하면 효과적이다.

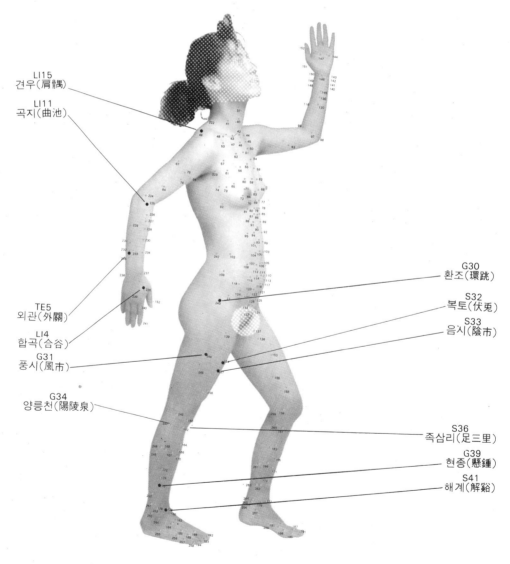

LI15
견우(肩髃)

LI11
곡지(曲池)

TE5
외관(外關)

LI4
합곡(合谷)

G31
풍시(風市)

G34
양릉천(陽陵泉)

G30
환조(環跳)

S32
복토(伏兎)

S33
음시(陰市)

S36
족삼리(足三里)

G39
현종(懸鍾)

S41
해계(解谿)

저혈압증 ⊕ Hypotension

원인 및 증상

저혈압증은 크게 나누어 증후성 저혈압증・기립성 저혈압증・본태성 저혈압증의 세 가지가 있다. 증후성 저혈압증은 영양실조와 심장병・결핵 등으로 장기간 누워만 있었기 때문에 생기는 것으로 병의 회복과 동시에 자연히 없어진다. 또 기립성 저혈압증은 잠잘 때는 정상혈압인데 일어나면 갑자기 혈압이 내려가는 것을 말한다. 원인은 확실하게 파

악되어 있지 않지만 체질적으로 말하면 키가 크고 마른 사람에 많으며 단번에 보아도 빈혈증과 닮은 증상이다. 그러나 저혈압과 빈혈은 원인이 전혀 다르기 때문에 잘 확인할 필요가 있다. 항상 소화가 잘 되는 단백질과 지방을 섭취하도록 하며 아래 경혈을 전자침을 이용하여 주기적으로 치료하면 매우 효과적이다.

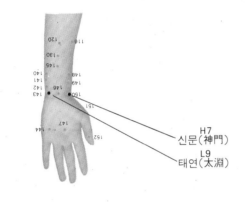

H7
신문(神門)

L9
태연(太淵)

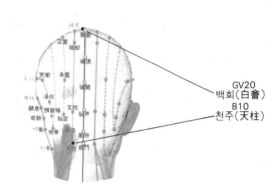

GV20
백회(白會)

B10
천주(天柱)

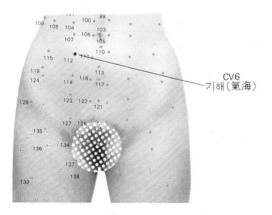

CV6
기해(氣海)

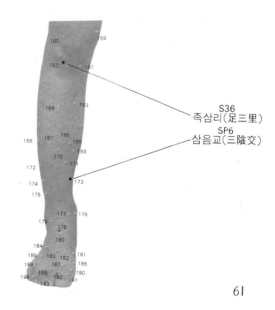

S36
족삼리(足三里)

SP6
삼음교(三陰交)

K1
용천(湧泉)

61

현기증 ⊖ Vertigo

원인 및 증상

오랜 시간 쭈그리고 있든가 의자에 앉아 있든가 하는 상태에서 갑자기 일어서면 눈앞이 캄캄하고 빙글빙글 돌아가고 귀울림이 생기는 경험은 누구든지 몇번쯤은 있다. 수면 부족이나 과로에서 이런 상태가 곧잘 일어난다. 또 구체적으로는 몸의 평형을 유지하는 기능 즉 귀에서 대뇌 소뇌의 기능에 장해가 있을 때 일어난다 하며, 뇌빈혈·뇌충혈·갱

년기장해·배멀미·위장장해·신경증 등이 원인이 된다. 또한 현기증과 귀울림은 40~50대의 여성에게 흔히 나타나지만 이것은 갱년기장애와 습관성인 것이 많은 것 같다.

아래의 경혈을 전자침으로 찾아서 시술하면 효과가 좋으며, 주기적으로 끈기있게 사용하면 효과는 더욱 좋다.

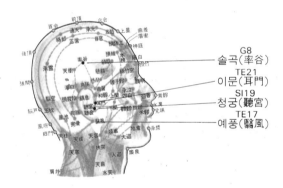

G8
솔곡(率谷)

TE21
이문(耳門)

SI19
청궁(聽宮)

TE17
예풍(翳風)

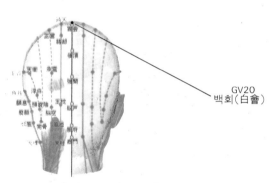

GV20
백회(白會)

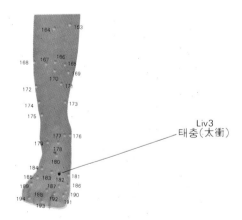

Liv3
태충(太衝)

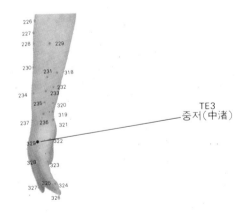

TE3
중저(中渚)

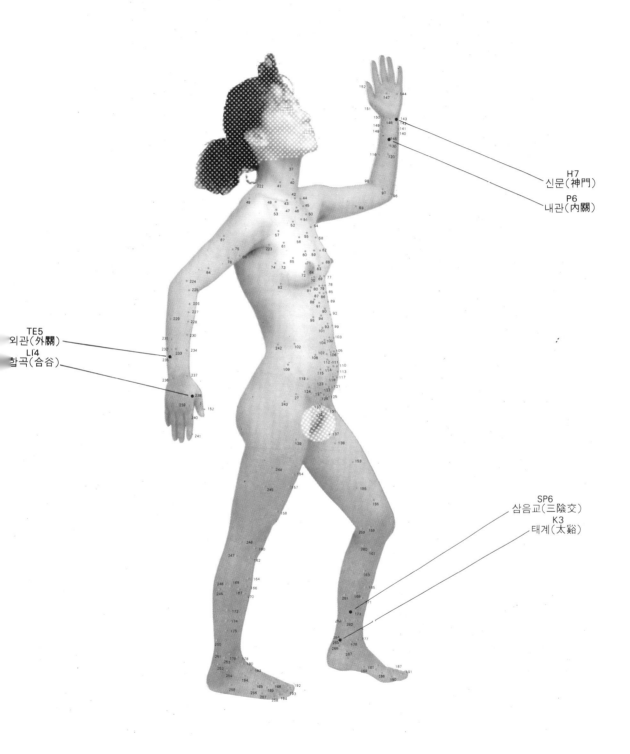

H7
신문(神門)

P6
내관(內關)

TE5
외관(外關)

LI4
합곡(合谷)

SP6
삼음교(三陰交)

K3
태계(太谿)

협심증   ㊀   Angina pectoris

원인과 증상

· 평소에 심장이 약한 사람에게 갑자기 과도한 피로가 겹치면 심장은 그 부담에 견디지 못하고 악화된다. 그 결과 협심증발작·심근경색이라는 병이 일어난다. 때문에 평소에 심장이 약한 사람은 평온한 정신생활, 적은

식사, 적절한 운동 이 세가지가 중요하다. 협심증이 있는 분은 평소에 예방하는 것이 중요하며 다음의 혈을 전자침이나 자기로 자극하면 확실히 효과가 있다.

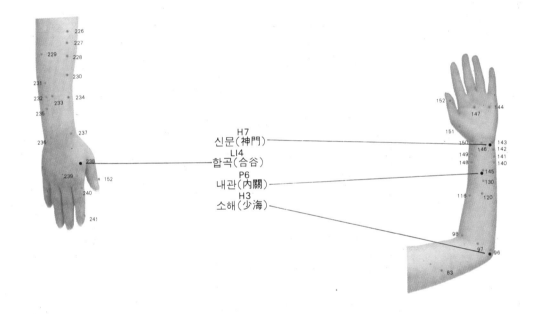

H7
신문(神門)

LI4
합곡(合谷)

P6
내관(內關)

H3
소해(少海)

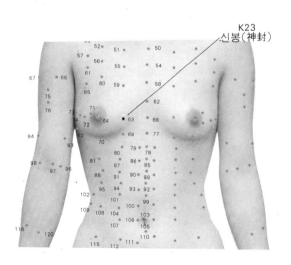

K23
신봉(神封)

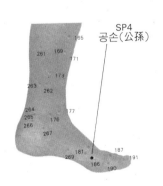

SP4
공손(公孫)

심장판막장애(心臟瓣膜障碍) ⊖ Mitral disease

원인 및 증상

선천적인 심장이상이 원인이 되는 경우도 있으나, 급성의 심내막염에서 속발하는 경우가 많다. 맥의 이상이 인정되고 자각적으로는 불쾌한 심계항진증과 호흡곤란, 현훈을 수반하는 일이 많다. 심장판막의 폐쇄부전과 판구의 협착을 일으키므로 혈액순환의 장애를 가져온다. 심상의 일정부분의 운동이 증가해

서 이를 저지하고 있는 시기도 있지만 후에는 심장의 기능저하를 일으키게 된다. 제종의 울혈증상, 기관지염, 심장성천식등을 수반하는 수가 있으며 침구치료만으로 근치는 무리이지만 증세를 호전시키는데는 아주 효과적이므로 아래의 혈을 전자침으로 찾아서 끈기있게 주기적으로 시술하면 아주 효과가 좋다.

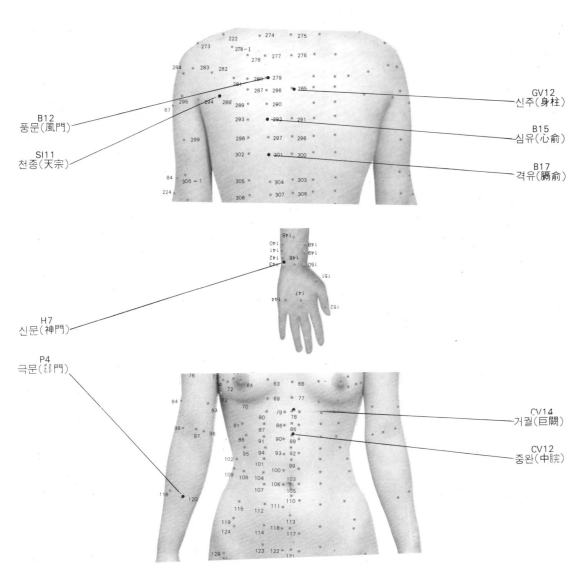

심장신경증(心臟神經症)   ○一   Heart neurosis

원인 및 증상

　심장신경증은 정신적인 원인에 의해서 생기는 심장의 기능적 장애 즉 기관신경증세이다. 심장에는 특별한 변화가 없는데도 심장병과 같은 증상을 일으키게 된다. 심장혈관신경증이라고도 하며 심계항진 흉부의 중압감 호흡곤란, 불안감, 심장부의 동통, 사지의 냉감등이 따르고 대개의 경우 발작적으로 일어난다. 특별한 치료법이 없으며 침·구요법이 최적의 치료법이다. 아울러 아래의 혈을 찾아서 주기적으로 끈기있게 시술하는 것이 중요하며 혈에 따라서는 구(뜸)요법을 병행하여 치료하면 매우 효과적인 치료요법이다.

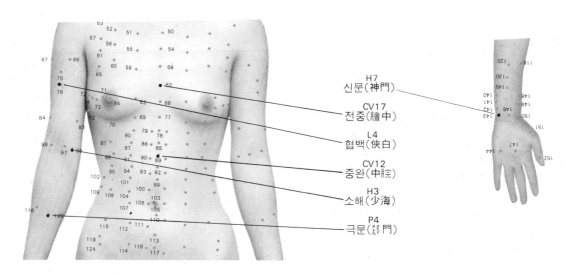

H7
신문(神門)

CV17
전중(膻中)

L4
협백(俠白)

CV12
중완(中脘)

H3
소해(少海)

P4
극문(郄門)

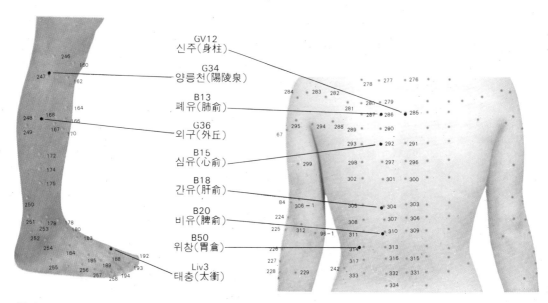

GV12
신주(身柱)

G34
양릉천(陽陵泉)

B13
폐유(肺兪)

G36
외구(外丘)

B15
심유(心兪)

B18
간유(肝兪)

B20
비유(脾兪)

B50
위창(胃倉)

Liv3
태충(太衝)

간염   ⊕   Hepatitis

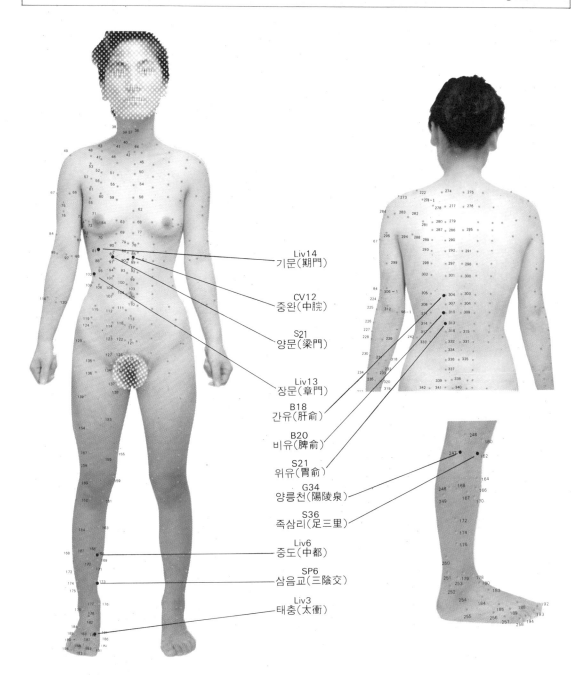

Liv14
기문(期門)

CV12
중완(中脘)

S21
양문(梁門)

Liv13
장문(章門)

B18
간유(肝俞)

B20
비유(脾俞)

S21
위유(胃俞)

G34
양릉천(陽陵泉)

S36
족삼리(足三里)

Liv6
중도(中都)

SP6
삼음교(三陰交)

Liv3
태충(太衝)

간 장 병 ⊕ Liver disease

원인 및 증상

간장병은 술의 과음으로 인한 병증이라 하지만, 꼭 그렇지는 않다. 물론 과음이 간장을 해친다고는 하지만, 술을 전혀 마시지 못하는 사람도 안색과 소변의 색깔에 대해서 주의깊게 관찰하지 않으면 안된다. 간장병의 시초는 먼저 피로하기 쉽고 몸이 무겁다는 증세부터 시작한다. 가벼울 때는 피로가 잘 나타나는 정도이나 어느덧 그 사이 만성으로 변하는

수가 많이 있다. 심하게 진행되면 의식에 장해가 오고 불면증으로 고생하다가 마지막에는 수족이 떨리고 혼수상태까지 간다.

전문의의 치료와 진료를 받아야 하나, 가벼운 증상일 때는 아래 혈을 혼자서 시술하면 효과적이며 무엇보다 끈기있게 주기적인 치료가 효과적이다.

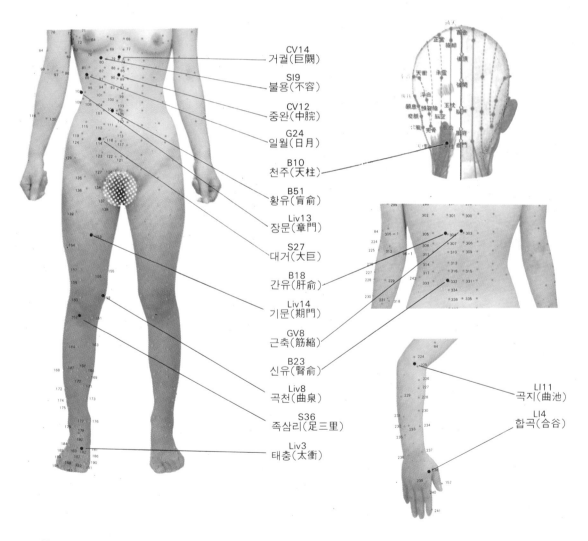

CV14
거궐(巨闕)

SI9
불용(不容)

CV12
중완(中脘)

G24
일월(日月)

B10
천주(天柱)

B51
황유(肓俞)

Liv13
장문(章門)

S27
대거(大巨)

B18
간유(肝俞)

Liv14
기문(期門)

GV8
근축(筋縮)

B23
신유(腎俞)

Liv8
곡천(曲泉)

S36
족삼리(足三里)

Liv3
태충(太衝)

LI11
곡지(曲池)

LI4
합곡(合谷)

만성위염 ⊕ Chronic gastritis

원인 및 증상

식욕이 없고 명치에서 배꼽에 이르는 위의 근방이 항상 답답하고 때때로 찌르는 듯한 아프고 신트림이 나고 배가 팽팽히 불러오는 것은 만성위염증세이다. 또 음식을 먹은 후 가슴이 쓰리고 아플때도 있다. 이러한 증상은 위점막의 염증으로서 연로자의 만성위염은 점막이 엷어져서 소화액의 분비가 좋지 못하기 때문이다. 젊은 층의 만성위염은 불규칙한 식생활에서 잘 일어난다. 지나친 걱정은 안해도 되는데 만성위염의 증세는 치료에 앞서서 규칙적인 생활을 권한다. 증상이 매우 심할 때에는 전문인의 진료를 받아야 하나, 가벼운 증상일때는 아래 혈을 주기적으로 시술하면 효과적이다.

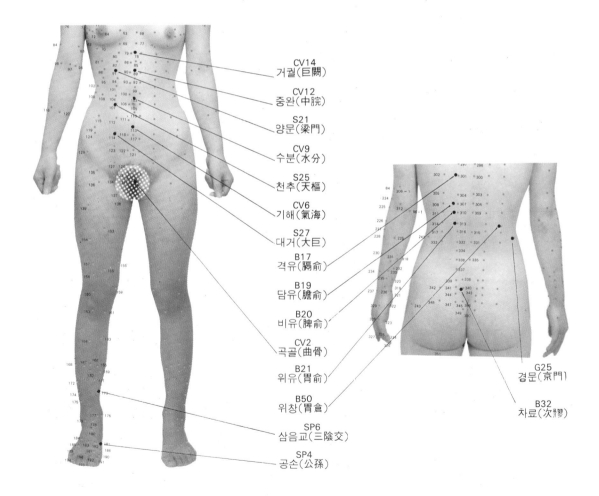

CV14 거궐(巨闕)
CV12 중완(中脘)
S21 양문(梁門)
CV9 수분(水分)
S25 천추(天樞)
CV6 기해(氣海)
S27 대거(大巨)
B17 격유(膈兪)
B19 담유(膽兪)
B20 비유(脾兪)
CV2 곡골(曲骨)
B21 위유(胃兪)
B50 위창(胃倉)
SP6 삼음교(三陰交)
SP4 공손(公孫)
G25 경문(京門)
B32 차료(次髎)

구토증을 멎게 함 ⊖ Vomiting

원인 및 증상

구토증세는 위장질환에서 수반하는 경우가 많으며 명치끝에서 목으로 치밀어 오르는 구토는 말할 수 없이 불쾌하다. 과식, 감기, 뇌졸중, 뇌종양, 위경련, 위 또는 십이지궤양 등 가지각색의 질환에서 수반되며 히스테리와 노이로제에서도 구토증세를 보인다. 위의 병변이나 신경성 증상이외에 부인과 질환이나 구충등에 의해 일어나는 경우가 많으며

현대의학에서 구토증세는 머리에서 목위와 목옆으로해서 앞가슴을 도는 미주신경의 이상으로 발생된다고 보고 있다. 정신적이나 신경증으로 기인되는 구토 증상에는 침·구요법이 효과적이다.

아래의 경혈을 찾아서 시술하면 효과적이며 혈에 따라서는 구(뜸)요법을 병행하여 치료하면 더욱 효과적이다.

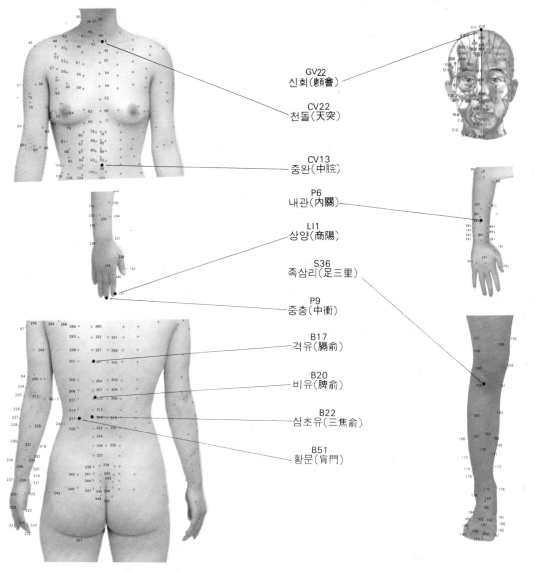

GV22
신회(顖會)

CV22
천돌(天突)

CV13
중완(中脘)

P6
내관(內關)

LI1
상양(商陽)

S36
족삼리(足三里)

P9
중충(中衝)

B17
격유(膈俞)

B20
비유(脾俞)

B22
삼초유(三焦俞)

B51
황문(肓門)

식욕부진 ⊕ Poor appetite

원인 및 증상

여름철의 피로에서, 식욕이 당기는 가을이 와도 식욕회복이 안되는 사람이 있다. 더울 때는 혈액의 대부분이 신체의 표면에 배출되어 가슴과 배 내장의 기능이 악화된다. 따라서 위장의 기능이 둔해지기 때문에 식욕이 없다는 것은 당연하다. 그러나 가을이 되면 혈액이 신체의 표면에서 충분하게 내장으로 돌기 때문에 건강한 사람이면 식욕이 증가하는 것이 보통이다. 그런데도 식욕부진은 과

로나 수면부족, 걱정이나 불안, 정신적인 원인과 심리적 원인, 위염, 위·십이지장 궤양, 위암, 심지어는 변비와 기생충, 빈혈증 등 가지각색의 원인에서 생겨난다. 식용이 있고 없고는 건강을 측정하는 기준이 된다. 특별한 소화기질환이 없는 데도 식욕이 부진할 때 아래 혈을 전자침으로 자극을 주면 식욕회복이 된다.

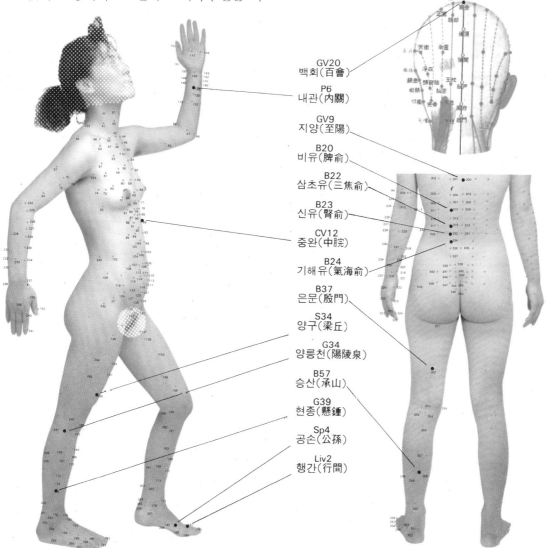

GV20
백회(百會)

P6
내관(內關)

GV9
지양(至陽)

B20
비유(脾俞)

B22
삼초유(三焦俞)

B23
신유(腎俞)

CV12
중완(中脘)

B24
기해유(氣海俞)

B37
은문(殷門)

S34
양구(梁丘)

G34
양릉천(陽陵泉)

B57
승산(承山)

G39
현종(懸鍾)

Sp4
공손(公孫)

Liv2
행간(行間)

71

소 화 불 량 　⊕　 Indigestion

원인 및 증상

　일상생활에서 제일 빈번하게 발생되는 병변이 아마 소화불량일 것이다. 잘먹지 않고 입이 짧다. 또한 먹을 것을 다먹어도 살이찌지 않고 말랐다 하는 부모들의 걱정거리를 들을때가 많다. 먹어도 체중이 늘지 않고 말라서 살이 찌지 않는 것은 분명히 이상이 있는 것이다. 특히 이러한 상태에서 불소화변과 설사변을 보는 수가 있는데, 한창 자라나는 어린이를 가진 부모에게는 대단한 걱정거리가 아닐 수 없다. 특히 요즈음 정신적인 중

압감으로 인한 소화불량도 허다하다. 이럴때 대개의 경우 습관적이거나 무의식적으로 약을 복용하게 되는데 무분별한 소화제의 남용은 다른 질병을 유발하는 원인이 제공하게 된다. 아울러 이럴 때에는 경혈요법과 함께 적당한 운동과 규칙적인 생활을 하는 것이 아주 중요하며 아래의 경혈을 찾아서 주기적으로 시술하면 아주 효과가 좋으며 혈에 따라서는 구(뜸)요법을 병행하여 치료하면 더욱 효과적이다.

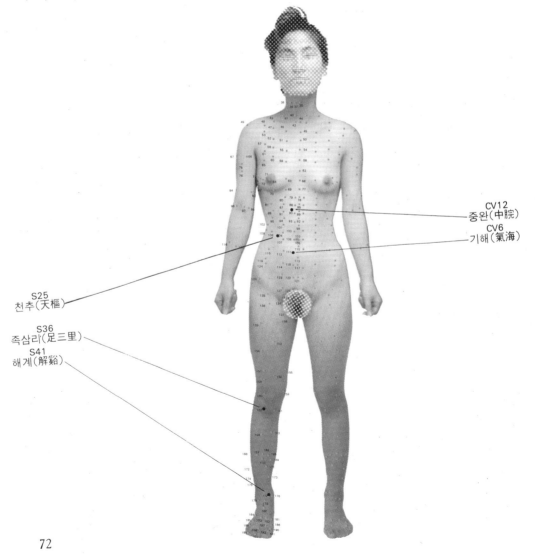

CV12
중완(中脘)
CV6
기해(氣海)

S25
천추(天樞)

S36
족삼리(足三里)
S41
해계(解谿)

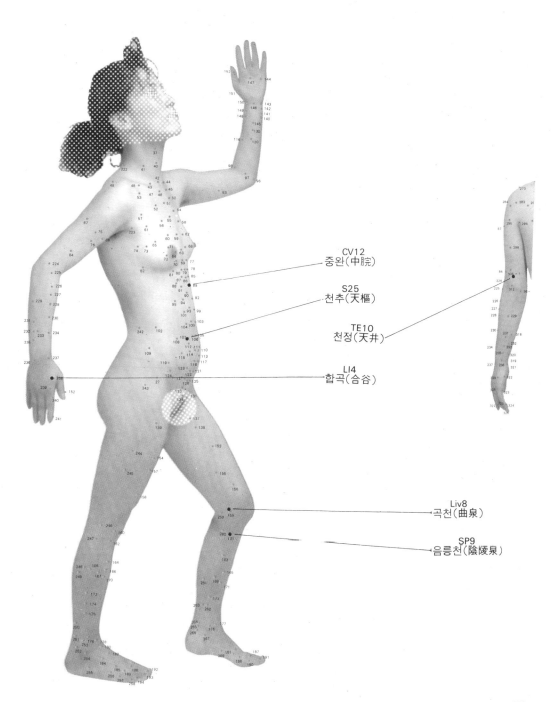

위산과다 ⊖ Hyperacidity

CV12
중완(中脘)

S25
천추(天樞)

TE10
천정(天井)

LI4
합곡(合谷)

Liv8
곡천(曲泉)

SP9
음릉천(陰陵泉)

| 과민성대장증상 | 一 | Hypersensitive large intestine |

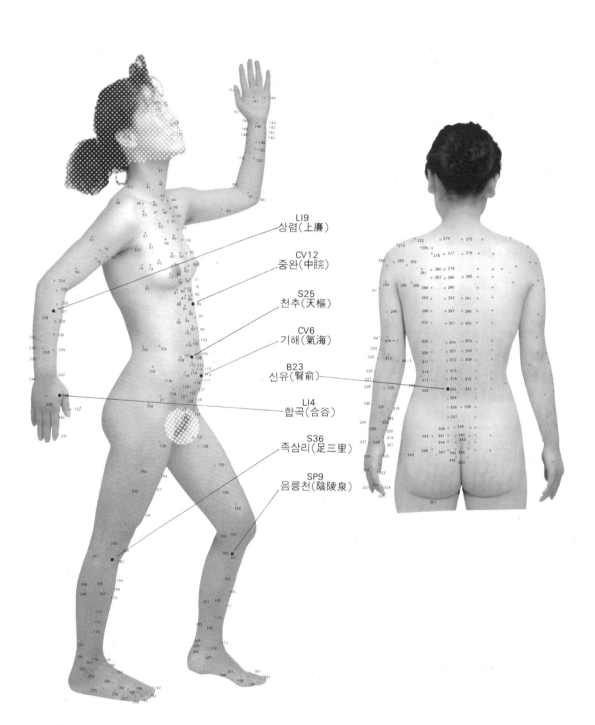

LI9
상렴(上廉)

CV12
중완(中脘)

S25
천추(天樞)

CV6
기해(氣海)

B23
신유(腎俞)

LI4
합곡(合谷)

S36
족삼리(足三里)

SP9
음릉천(陰陵泉)

설 사(泄瀉)

㊀

Diarrhea

원인 및 증상

액상의 대변이 되풀이하여 배설되는 현상을 말하며 주원인으로는 식사의 불섭생이나 위장내의 소화불량 등의 원인 때문에 일어나는 경우가 대부분이다. 장염이나 장결핵에서는 거의 필발적으로 설사를 수반하게 되지만 복이외에 다른 원인이 되어 생기는 경우도 있다. 예컨데 감모성설사(냉하리)와 기타 정신 신경성으로 일어나는 설사가 이에 속한다. 증세가 심하면 얼굴이 창백하여지고 전신이 탈진상태에 이르게 된다.

침·구요법은 효과적인 치료법으로 아래의 혈을 찾아서 시술하면 효과적이며 혈에 따라서는 구(뜸)요법을 병행하거나 투약을 병행하여 치료하면 더욱 효과적이다.

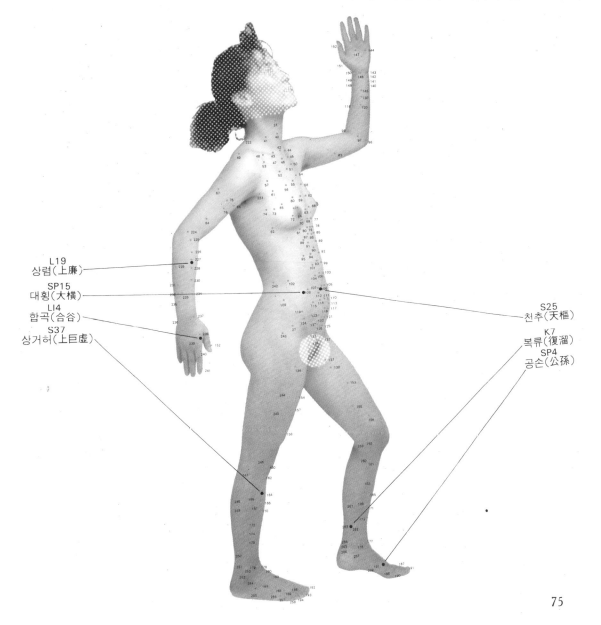

L19
상렴(上廉)

SP15
대횡(大橫)

LI4
합곡(合谷)

S37
상거허(上巨虛)

S25
천추(天樞)

K7
복류(復溜)

SP4
공손(公孫)

75

복부팽만 ⊖ Abdominal tension

원인 및 증상

어떠한 병이라도 마찬가지이지만 어딘가 몸의 상태가 나빠지면 그날은 하루종일 불안하고 우울해진다. 특히 배의 상태가 나쁠 때 변비나 설사·복통과 함께 배가 땅기는 때가 있는데 이 증세는 뱃속에 가스가 괴기 때문이다. 특히 자율신경실조증으로 인한 대장과민증은 하복부에 잡아당기는 듯한 둔한 통증이 있고, 긴장감이 돌면서 왼편 하복부에 땅

기는 듯한 둔한 통증이 온다. 또 여성일 때는 특히 다리가 얼음같이 차디찬 증세로 병발한다. 이러한 대장과민증의 치료는 덮어놓고 약만 먹을 것이 아니라 기분을 전환하여 마음을 편하게 한다.

아래 경혈을 전자침으로 찾아서 주기적으로 끈기있게 치료하면 치료효과가 높다.

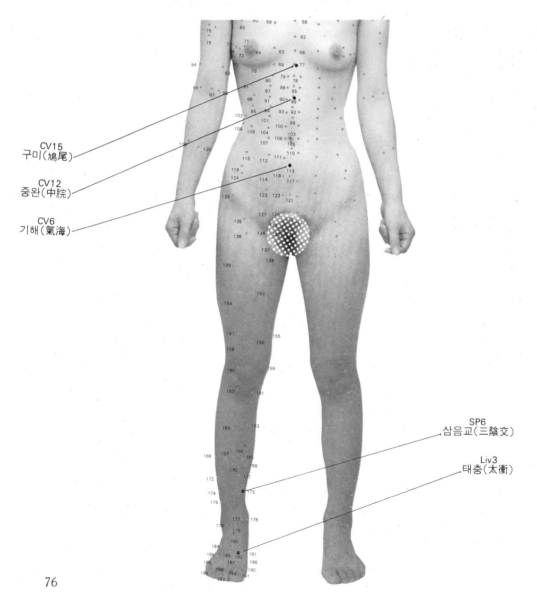

CV15
구미(鳩尾)

CV12
중완(中脘)

CV6
기해(氣海)

SP6
삼음교(三陰交)

Liv3
태충(太衝)

비행기 멀미 ⊕ Airsickness

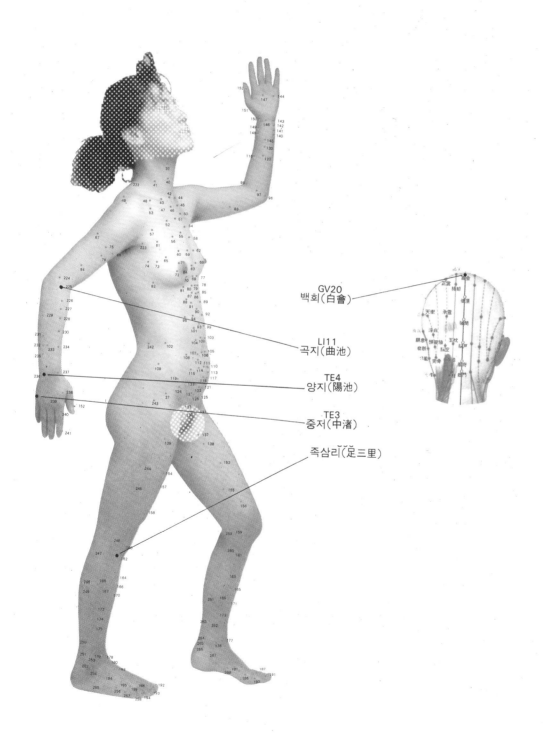

GV20
백회(白會)

LI11
곡지(曲池)

TE4
양지(陽池)

TE3
중저(中渚)

족삼리(足三里)

77

상복통　　　　　　　　㊀　　　　　　Upper stomachache

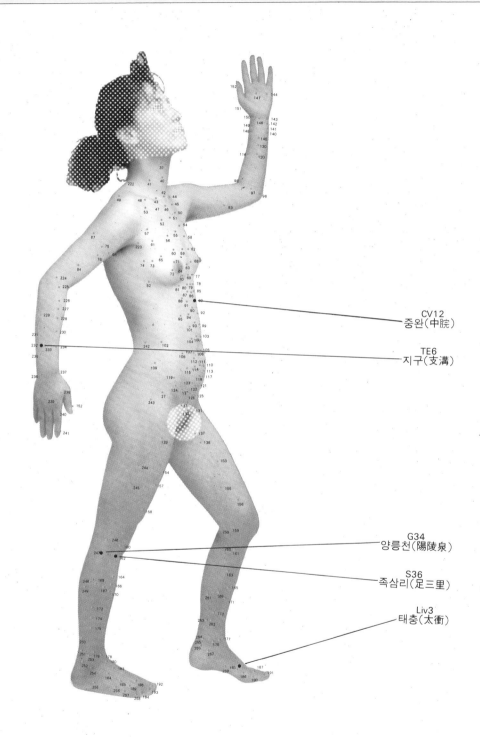

CV12
중완(中脘)

TE6
지구(支溝)

G34
양릉천(陽陵泉)

S36
족삼리(足三里)

Liv3
태충(太衝)

중복통 Middle stomachache

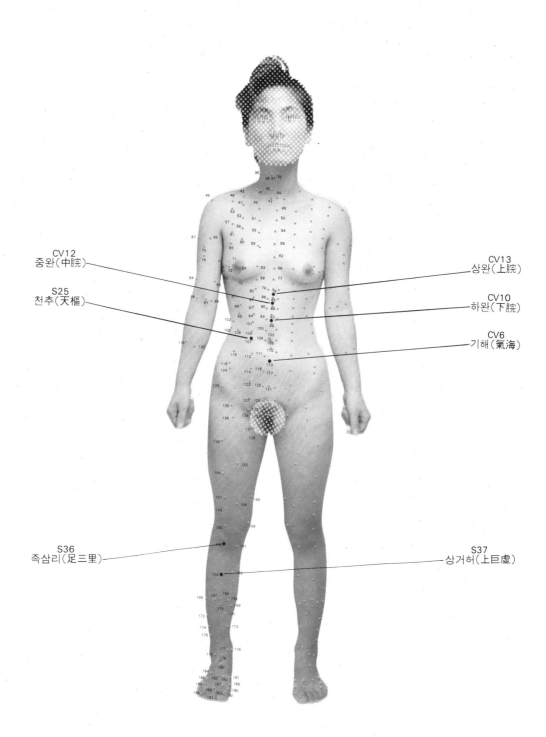

CV12
중완(中脘)

CV13
상완(上脘)

S25
천추(天樞)

CV10
하완(下脘)

CV6
기해(氣海)

S36
족삼리(足三里)

S37
상거허(上巨虛)

79

하복통 　　　　　⊖　　　　　 Lower stomachache

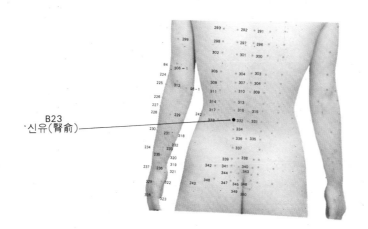

B23
신유(腎兪)

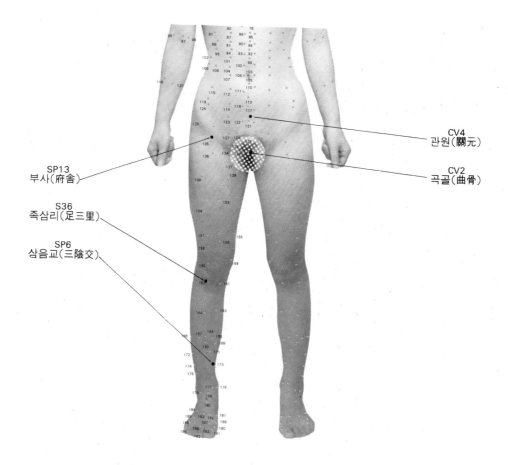

CV4
관원(關元)

SP13
부사(府舍)

CV2
곡골(曲骨)

S36
족삼리(足三里)

SP6
삼음교(三陰交)

위하수증(胃下垂症)　　　⊕　　　Gastroptosis

원인 및 증상

　　위하수증이란 위하단이 정상위치보다 하수되어 위의 운동이 이완되고 염산이 결핍되어 있는 상태로 여러가지 장애를 수반하는 것을 말하며, 아울러 다른 내장의 하수현상을 수반하는 경우가 많다. 자각증상으로는 위부의 팽만현상, 중압감, 경인감이 생기며 때로는 요통, 식욕부진, 애기(트림을 뜻함)등을 두중, 불면, 우울, 기억력 감퇴 등의 신경쇠약 증상을 나타내기도 한다.

　　침·구치료가 좋으며 아래의 혈을 전자침으로 찾아서 주기적인 시술을 하면 효과가 좋으며 혈에 따라서는 구(뜸)요법을 병행하여 치료하면 더욱 효과적이다.

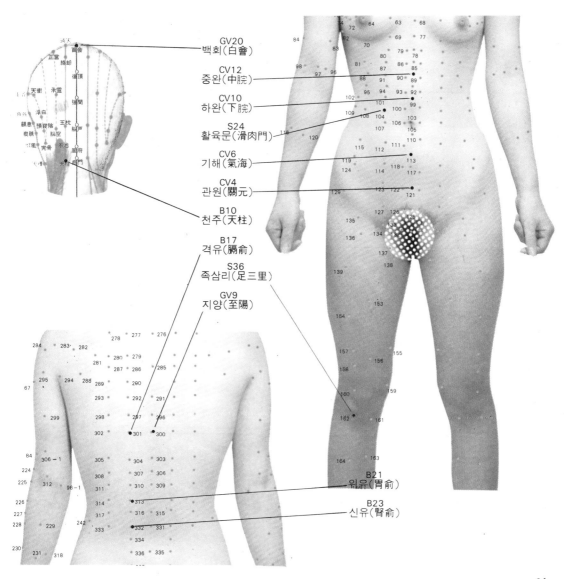

GV20
백회(白會)

CV12
중완(中腕)

CV10
하완(下腕)

S24
활육문(滑肉門)

CV6
기해(氣海)

CV4
관원(關元)

B10
천주(天柱)

B17
격유(膈俞)

S36
족삼리(足三里)

GV9
지양(至陽)

B21
위유(胃俞)

B23
신유(腎俞)

위궤양(胃潰瘍)	⊖	Stomach ulcer

원인 및 증상

위궤양의 3대 주징으로는 동통, 출혈, 과산증이고 원인으로는 위벽의 혈행(血行)장애를 일으키는 자율신경 중추의 소인과 신경성으로 속발되고 있다. 식후 1~2시간후 발하여 공복기가 되면 작열통, 천자통을 속발하고 배부, 견갑부, 하복부등에 방산한다. 아울러 심와부, 배부에는 국한된 압통이 따른다. 또한 위통과 같이 토혈, 구토를 일으키며 잠복성으로 경과되면서 위염, 위산과다증과 같은 불안전한 위증상을 나타내며 식욕은 일반적으로 양호하나 변비가 많다.

아래의 경혈을 찾아서 전자침으로 주기적으로 끈기있게 시술하면 매우 좋은 효과를 나타낼 수 있다.

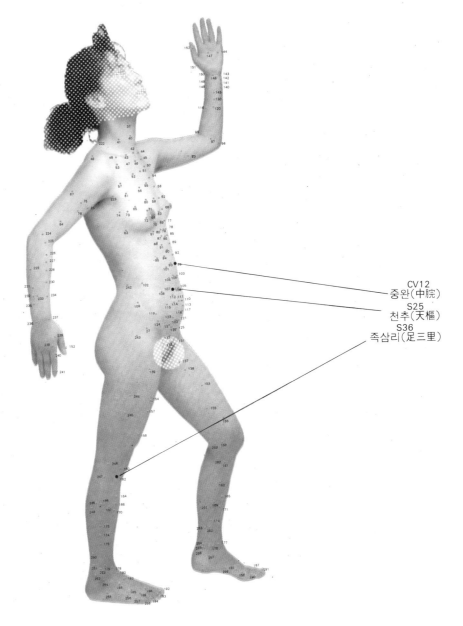

CV12
중완(中脘)

S25
천추(天樞)

S36
족삼리(足三里)

치 질　　　　　　—　　　　　Haemorrhoids

원인과 증상

치질은 상당한 옛날전부터 확인된 병으로 바빌론의 하무라비법전에도 기록되어 있다고 한다. 당연히 고금동서를 불문하고 인간을 괴롭혀온 질병이다. 치질에는 크게 나누어 수치질, 치루, 항문열상의 3종류가 있지만, 이곳에서는 치질의 60%를 차지하는 수치질만 다룬다.

수치질은 "치핵"으로 불리며, 돌기가 생긴 곳이 항문속인가 바깥인가에 따라 내치핵과 외치핵으로 구분된다. 항문의 점막밑은 특히 혈관이 발달해 있고, 치핵은 이 혈관이 울혈을 일으켜 불룩해져 그 돌기가 염증을 일으킨

것이다. 요컨대 혈액순환이 나쁘면 치질이 되는 경우가 많다. 치질의 원인으로는 우선 변비를 들 수 있고, 알콜류는 필요이상으로 혈액순환을 활발하게 하기 때문에 작은 혈관이 많은 곳에 부담이 생겨 울혈의 원인이 되며, 매운 자극물도 금물이다. 너무 차게 하거나, 장시간 서 있거나 앉아 있는 것도 치질의 원인이 된다. 예방책은 규칙적인 대변, 항상 청결하게 하는 것으로 충분하다. 치료는 좌욕(따끈한 물에 항문을 약 30분간 매일 담구는 방법)이 최상이며 침이나 자석치료는 심한 경우라도 빨리 가라 앉는다.

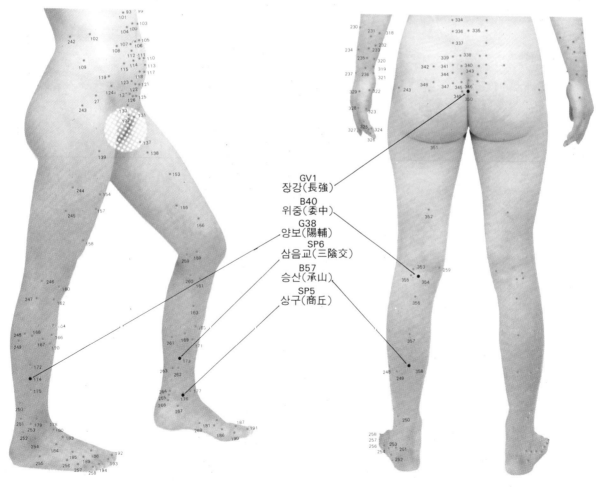

GV1
장강(長强)

B40
위중(委中)

G38
양보(陽輔)

SP6
삼음교(三陰交)

B57
승산(承山)

SP5
상구(商丘)

변 비 ⊕ Constipation

원인과 증상

변비는 특히 신체구조상 여성에게 많고 그 중에는 약을 먹지 않으면 일주일이나 배변을 못하는 여성도 있다.

변비가 되면 대장에 모인 음식물 찌꺼기가 부패·발효하여 유독가스를 발생시키고 이것이 물에 녹아 대장점막으로부터 흡수되기 때문에 체액이 탁해지고 두통이나 어깨결림의 원인이 되는 경우가 있다. 때로는 요통의 원

인도 되고, 고혈압인 사람에게 자주 있다. 원래 변비라는 것은 장의 기능이 약하기 때문에 일어나는 것으로 장의 활동을 활발하게 해주면 자연 치유된다. 다음의 장을 지배하는 자율신경에 통하는 경혈을 사용한다. 변비는 좀처럼 고치기 어려운 질환으로 운동량을 늘리고 생활에 리듬을 지킴과 동시에 끈기 있는 치료를 계속해야 한다.

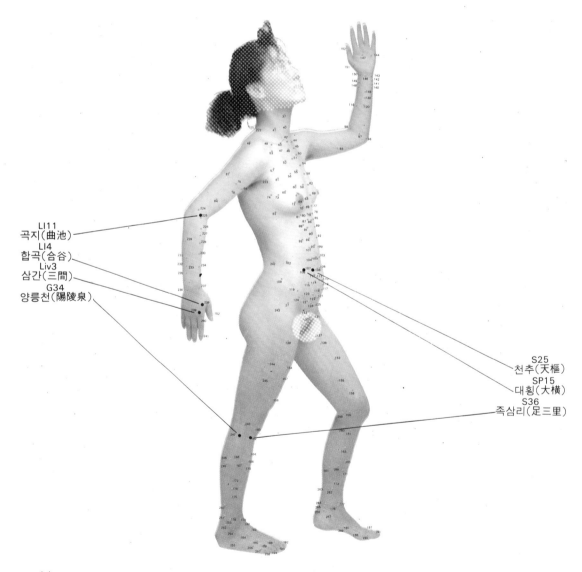

LI11
곡지(曲池)
LI4
합곡(合谷)
Liv3
삼간(三間)
G34
양릉천(陽陵泉)

S25
천추(天樞)
SP15
대횡(大横)
S36
족삼리(足三里)

위 경 련 ⊕ Stomach cramp

원인 및 증상

위경련은 위장증세로서 발작적으로 일어나며 급격한 통증을 수반한다. 이것을 위신경증이라고도 한다. 통증은 가벼운 것부터 심한 충격상태까지 있으며, 2~3분에서 긴 것은 1~2시간 동안 명치 끝에서 배꼽 위까지 통증이 있다. 원인은 부패된 음식이나 소화되기 어려운 것을 먹었다든가, 담석·위궤양·십이지장궤양 등에서 생기며, 또한 신경적인 중압감에 의한 때도 있다. 위신경의 기능이상으로 위의 벽을 만들고 있는 근육이 급히 수축하여 여기에 경련이 일어나는 것이다. 정신적인 중압감·피로·위약에 의한 경련에 혈요법이 최상의 치료법이며, 아래 경혈을 전자침으로 시술하면 통증이 가시며 치료효과도 매우 높고 혈에 따라서는 구(뜸)요법을 병행하여 치료하면 더욱 효과적이다.

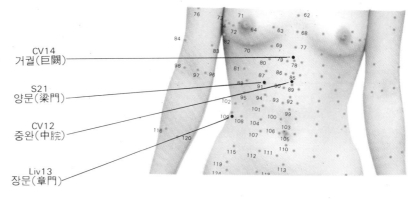

CV14
거궐(巨闕)

S21
양문(梁門)

CV12
중완(中脘)

Liv13
장문(章門)

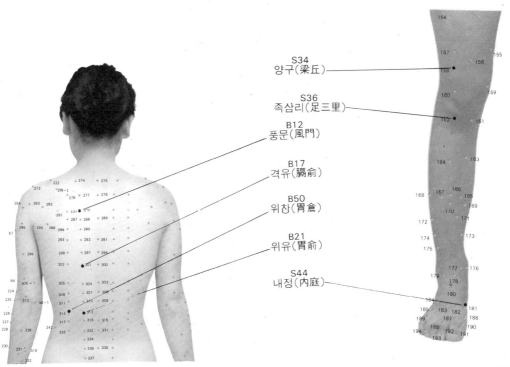

S34
양구(梁丘)

S36
족삼리(足三里)

B12
풍문(風門)

B17
격유(膈俞)

B50
위창(胃倉)

B21
위유(胃俞)

S44
내정(內庭)

85

당 뇨 병 ⊕ Diabetes

원인 및 증상

생활이 불규칙하든가 술을 많이 마시는 중년이 넘은 부유층에 비교적 당뇨병이 많은데, 이것은 혈액 중에 포함되어 있는 당분이 충분하게 에너지원으로 활용되지 않은 채 혈액 중에 괴어 있기 때문에 일어난다. 췌장에서 분비되는 인슐린이 충분치 못하기 때문에 당분이 용이하게 이용되지 않은 것이다. 이 증세는 몸이 나른하고 입속의 침이 마르고, 잘 먹는 데도 살이 빠져 여윈 상태가 계속된다.

당뇨병은 만병의 근원이라고 하는데, 이러한 증상이 나타나면 먼저 전문의의 정밀검사를 받아야 한다. 그래서 여기에는 당뇨병에 합병증을 일으키는 증세를 감소시키는 방법으로 침·구치료가 효과적이며 아래의 경혈을 전자침으로 찾아서 시술하면 효과가 좋으며 주기적으로 끈기있게 사용하면 효과가 더욱 좋다.

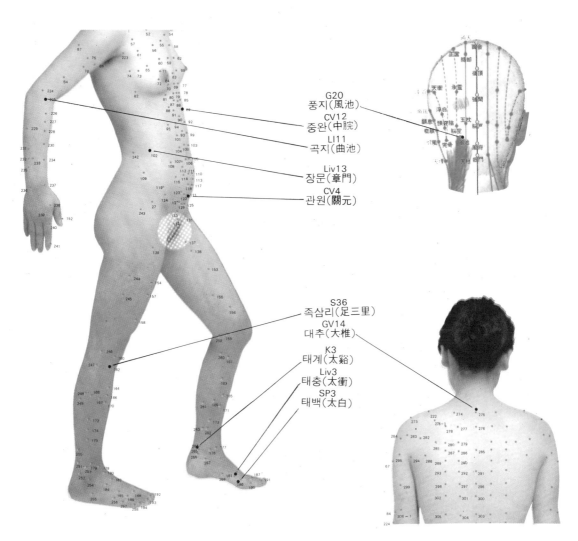

G20
풍지(風池)
CV12
중완(中脘)
LI11
곡지(曲池)
Liv13
장문(章門)
CV4
관원(關元)
S36
족삼리(足三里)
GV14
대추(大椎)
K3
태계(太谿)
Liv3
태충(太衝)
SP3
태백(太白)

십이지장궤양(十二指腸潰瘍) ⊖   Duodenal ulcer

원인 및 증상

십이지장궤양은 산성의 위액이 십이지장으로 내려가 궤양을 유발하는 경우가 많다. 십이지장궤양은 공복시에 동통을 느끼게 되며 통상 식사후 2~4시간 후에 동통이 시작되어 다음식사때까지 지속되게 된다. 일반적으로 식욕은 좋지만 구토를 일으키기 쉽고, 하혈에 의해서 출혈이 있는 경우도 있다. 각종 위증상(특히 위산과다)을 수반하는 경우가 많으며 감별이 곤란하지만 동통이 심와부의 우측에 국한하여 일어난다.

아래의 혈을 찾아서 주기적으로 끈기있게 전자침으로 시술하면 효과적이며 혈에 따라서는 뜸요법을 병행하여 치료하면 더욱 효과적이다.

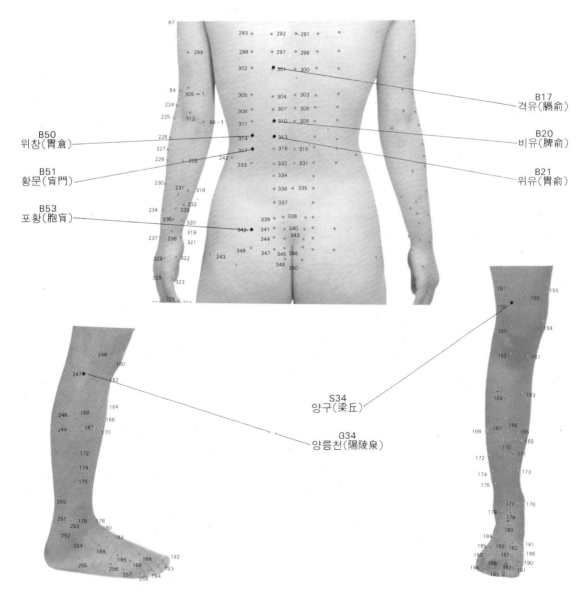

B17
격유(膈俞)

B20
비유(脾俞)

B21
위유(胃俞)

B50
위창(胃倉)

B51
황문(肓門)

B53
포황(胞肓)

S34
양구(梁丘)

G34
양릉천(陽陵泉)

중이염(中耳炎) ⊖ Tympanitis

원인 및 증상

중이염이 급성인 것은 급성 열성질환 및 비인후질환 등에 의하여 속발되는 경우가 많으며 이내통, 이명, 난청 등의 증세를 일으키며 발열, 두통, 식욕감퇴 등을 수반한다. 기막은 발적, 종창해지며 급성 유양돌기염을 유발하기 쉽다. 아울러 만성으로 이행되기 쉬워서 기막의 천공부에 농집이 흐르게 된다.

경한것은 이의 폐한감, 이명, 난청, 이통, 발열이 일어나지만 치료가 빠르며 만성화된 것이라도 기막이 혼탁해서 난청, 이명등을 수반하는 경우에는 치료가 용이하다.

아래의 혈을 찾아서 주기적으로 끈기있게 시술하면 매우 효과적이다.

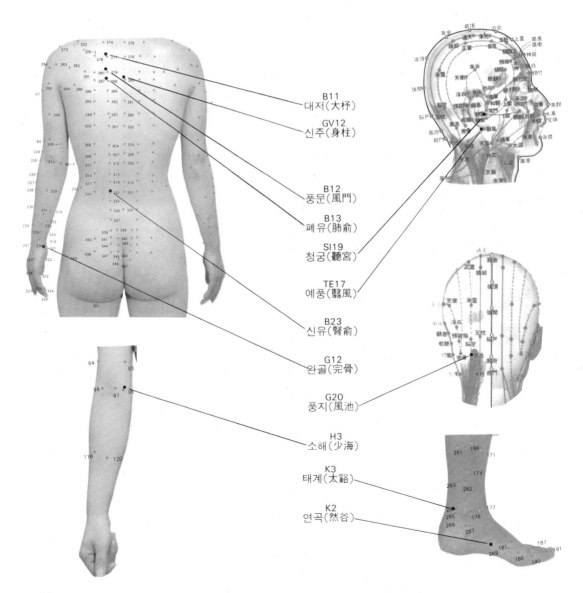

B11
대저(大杼)

GV12
신주(身柱)

B12
풍문(風門)

B13
폐유(肺俞)

SI19
청궁(聽宮)

TE17
예풍(翳風)

B23
신유(腎俞)

G12
완골(完骨)

G20
풍지(風池)

H3
소해(少海)

K3
태계(太谿)

K2
연곡(然谷)

비 염 　　㊀　　Rhinitis

원인과 증상

　　비염이라고 하는 것은 비강의 점막에 염증이 생긴 것을 말하고 급성은 코감기라고 불리어진다. 코막힘, 재채기, 가려움, 후각장애 등외에 전신증상으로서 나른함, 두중 및 두통 또 38℃ 전후의 발열이 동반하는 경우도 있다. 비염의 원인은 추위와 먼지, 가스등의

자극에 의한 것외에, 각종 세균이나 바이러스등 여러가지이다. 단순한 코감기라고 경시해서 무리를 하면 의외로 오래끌거나 만성화 되므로 전신의 보온과 안정을 취한다. 다음의 경혈은 오래된 비방으로 코질환에 효과가 좋다.

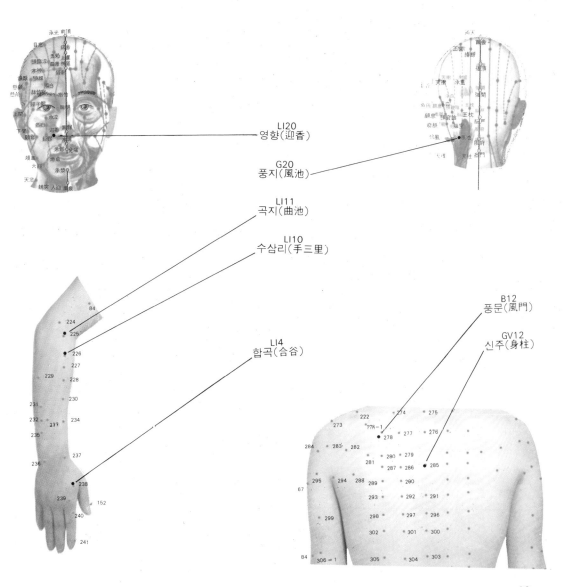

LI20
영향(迎香)

G20
풍지(風池)

LI11
곡지(曲池)

LI10
수삼리(手三里)

LI4
합곡(合谷)

B12
풍문(風門)

GV12
신주(身柱)

콧물 ⊖ Snivel

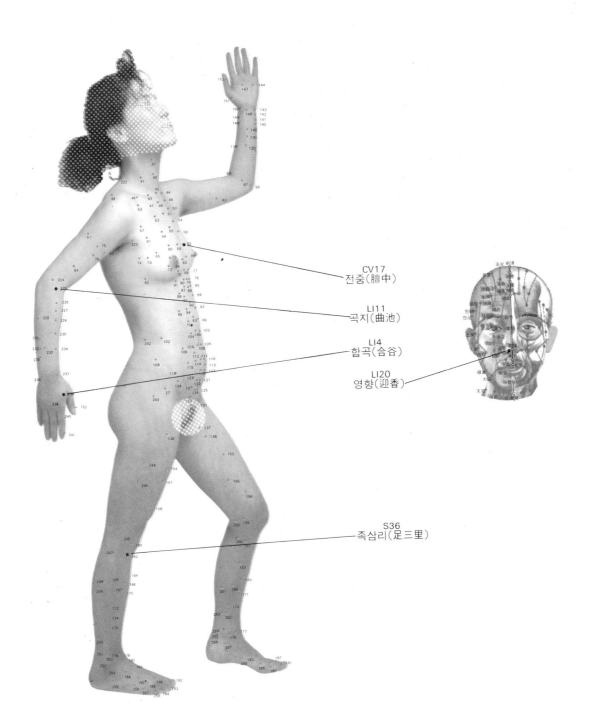

CV17
전중(膻中)

LI11
곡지(曲池)

LI4
합곡(合谷)

LI20
영향(迎香)

S36
족삼리(足三里)

건초열(코막힘) ㉠ Hay fever

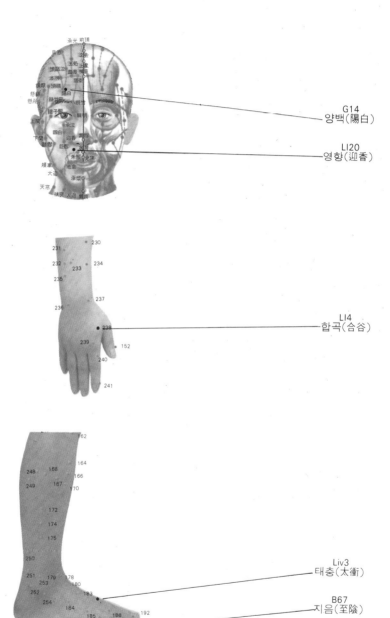

G14
양백(陽白)

LI20
영향(迎香)

LI4
합곡(合谷)

Liv3
태충(太衝)

B67
지음(至陰)

난 시(亂視) ⊕ Astigmatism

원인 및 증상

　난시는 각막질환 등의 원인에 의하여 생기게 되며 각막표면이 부정하게 된 것을 부정난시라고 한다. 이에 반해서 안경으로 교정할 수 있는 난시를 정난시라고 한다. 난시의 교정에는 본인의 교정의지와 노력이 필요하며 경도 정난시에는 아래의 혈을 찾아서 주기적으로 끈기있게 시술하면 효과가 좋다. 침·구치료만으로는 완치되기가 힘들겠지만 침·구치료를 통해 효과를 보는 경우가 많으므로 인내심을 가지고 시술하면 어느 정도의 효과를 볼 수 있다.

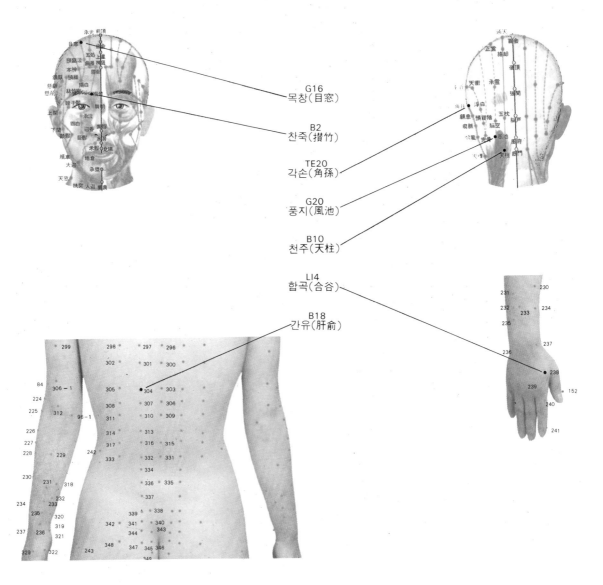

G16
목창(目窓)

B2
찬죽(攢竹)

TE20
각손(角孫)

G20
풍지(風池)

B10
천주(天柱)

LI4
합곡(合谷)

B18
간유(肝俞)

눈의 피로(眼精피로)   ⊕   Eye strain

원인과 증상

  '사물을 응시하면 눈이 희미해져 집중할 수 없다든가 눈을 뜨고 있으면 아파서 괴롭다'라는 상태를 眼精피로라고 한다.

  눈과 목근육이 어깨하고는 밀접하게 관계하고 있어 눈이 쉬 피로한 사람은 반드시 목근육이나 어깨가 결리기 때문에 어깨나 목근육 경혈에 자침을 하거나 자석을 붙이면 눈이 선명하게 보이게 된다. 太陽穴을 매일 맛사지하여도 시력이 향상된다.

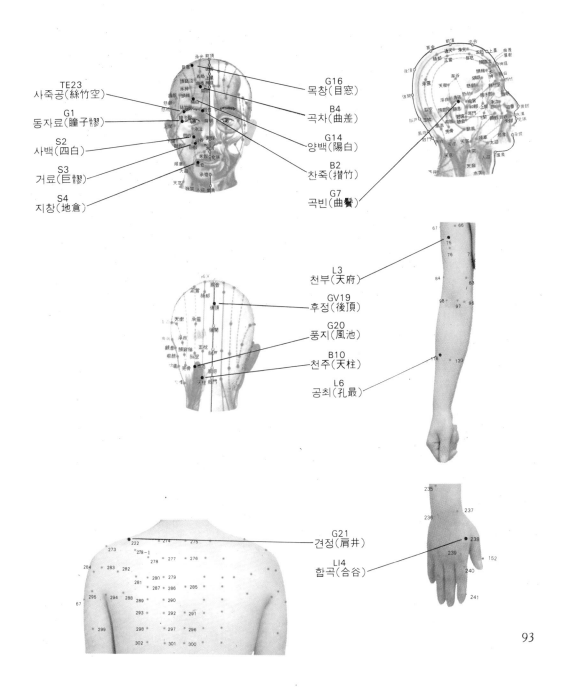

TE23 사죽공(絲竹空)
G1 동자료(瞳子髎)
S2 사백(四白)
S3 거료(巨髎)
S4 지창(地倉)

G16 목창(目窓)
B4 곡차(曲差)
G14 양백(陽白)
B2 찬죽(攢竹)
G7 곡빈(曲鬢)

L3 천부(天府)
GV19 후정(後頂)
G20 풍지(風池)
B10 천주(天柱)
L6 공최(孔最)

G21 견정(肩井)
LI4 합곡(合谷)

목의 염좌(목 디스크)　　　㊀　　　Neck sprain

원인 및 증상

　　사고 등으로 어떤 강한 충격을 받게 되면 목뼈에 일시적인 염좌 증세가 일어날 때가 있다. 이것을 염좌 혹은 디스크라 하는데, 충격을 받았을 때 목은 회초리로 맞아 아픈 것 같은 느낌을 갖는다. 전문용어로는 경추 염좌(좌섬)라 한다. 염좌는 관절이 일과성으로 생리적 한계보다 강하게 움직였다가 되돌아온 상태를 말한다. 목의 염좌도 목의 깨

뼈의 어느 부분에 순간적으로 강한 충격을 받아 뼈마디가 충격에 의하여 물러나서 그 주위의 막이 상하여 일어나는 현상이다.

　　아래의 경혈을 찾아 시술하면 매우 효과가 크며, 교정요법도 병행하면 더욱 좋으나 아무에게나 함부로 교정을 받으면 오히려 악화될 수도 있다.

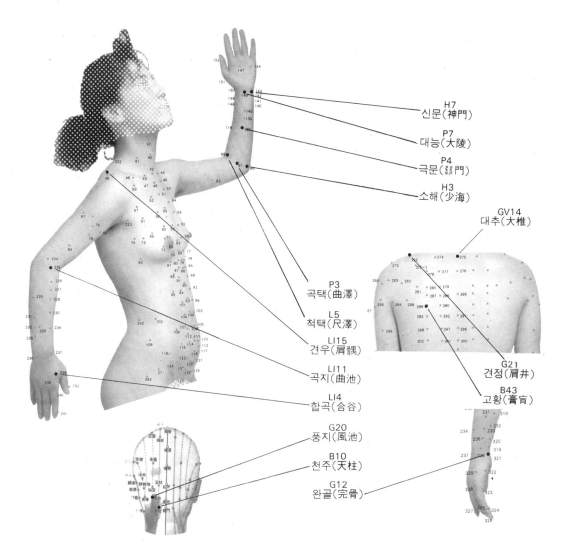

H7 신문(神門)
P7 대능(大陵)
P4 극문(郄門)
H3 소해(少海)
GV14 대추(大椎)
P3 곡택(曲澤)
L5 척택(尺澤)
LI15 견우(肩髃)
LI11 곡지(曲池)
LI4 합곡(合谷)
G20 풍지(風池)
B10 천주(天柱)
G12 완골(完骨)
G21 견정(肩井)
B43 고황(膏肓)

딸 꾹 질 ⊕ Hiccup

원인 및 증상

딸꾹질이란 생리학적으로는 가슴에 있는 횡격막의 경련이며 호흡이 변형된 것이다. 딸꾹질쯤이야 하고 놀랄 것 없다는 식으로 태연한 사람도 있겠지만, 일단 딸꾹질이 멎지 않으면 상당히 귀찮은 증세이며 화가 나고 당황해지는 증세이다. 그런데 현재 내과적 방법으로는 결정적인 치료법이 없다. 전혀 원인불명이며 돌연 튀어나오는 딸꾹질은 본

인으로써는 웃어넘길 수는 없다. 그 때문에 옛날부터 등을 쾅치며 놀라게 하여 멎게 하든가 한 컵의 물을 한꺼번에 마시게 하여 멎게 하든가 여러가지가 전해오고 있다. 이런 방법들도 아직 불투명하다.

아래 경혈을 시술하면 매우 효과적이며 현재로서는 경혈시술이 최적의 치료법이다.

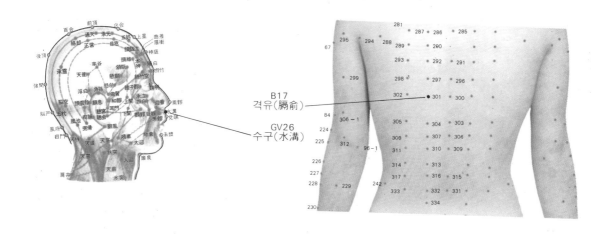

B17
격유(膈俞)

GV26
수구(水溝)

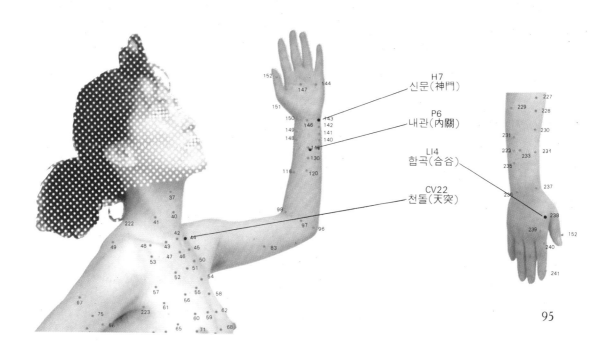

H7
신문(神門)

P6
내관(內關)

LI4
합곡(合谷)

CV22
천돌(天突)

95

구내염(口内炎)　　　　⊖　　　　Stomatitis

원인 및 증상

　구내염이란 이·혀·입술·구각 등 구공 점막 전체의 염증의 총칭이다. 개개의 점막에 통증으로 인한 뽀얀 반점이 생기는 수가 있고 이것을 통칭 애프터성 구내염이라 하며 방치해도 자연히 가라앉는 가벼운 증세에서 부터 입속에 흘러서 식음에 곤란을 받을 정도의 중증에 이르기까지 가지각색이다. 대개는 원

인이 확실치 않은 것이 많으며 먼저 위장 상태를 항상 정돈한다는 정신이 중요하다. 한의학계에서는 위장상태는 물론 전신을 조절하는데 중점을 두고' 치료한다.

　아래의 혈을 찾아 시술하면 치료 될 수 있으며 중증일 때에는 전문의에게 진료를 받는 것이 좋다.

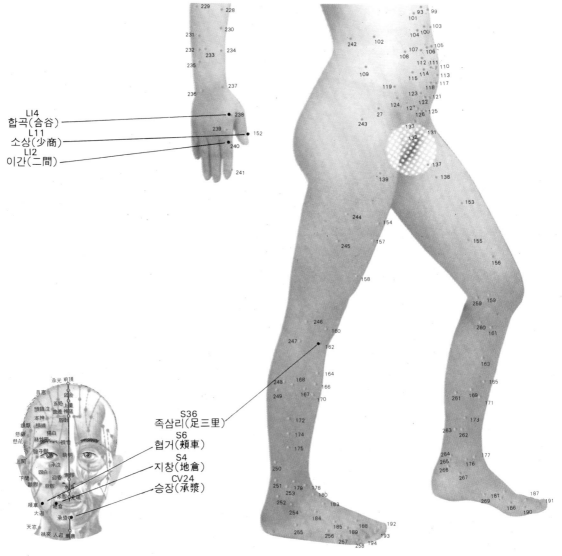

LI4
합곡(合谷)
L11
소상(少商)
LI2
이간(二間)

S36
족삼리(足三里)
S6
협거(頬車)
S4
지창(地倉)
CV24
승장(承漿)

치은염	─	Gingivitis

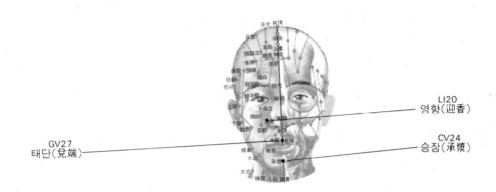

GV27
태단(兌端)

LI20
영향(迎香)

CV24
승장(承漿)

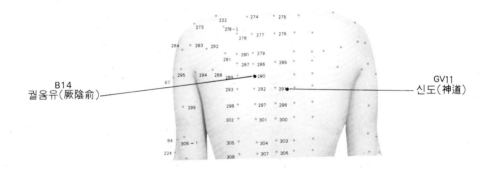

B14
궐음유(厥陰俞)

GV11
신도(神道)

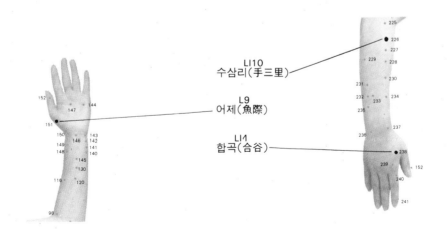

LI10
수삼리(手三里)

L9
어제(魚際)

LI4
합곡(合谷)

구강악취   ⊕   Halitosis

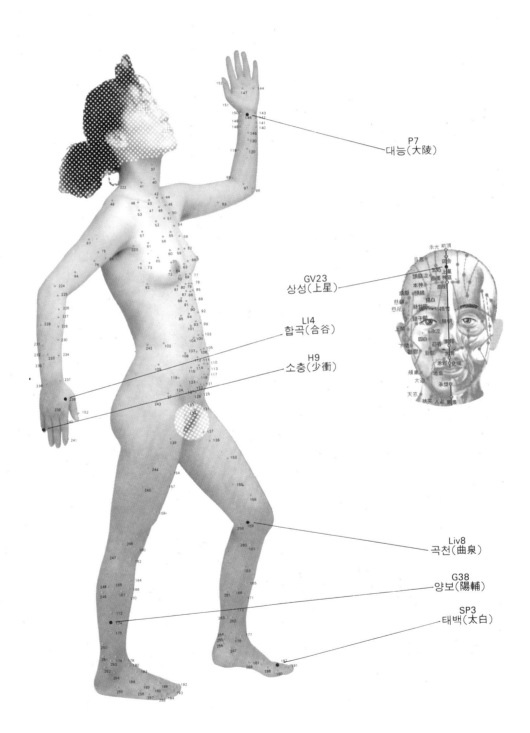

P7
대능(大陵)

GV23
상성(上星)

LI4
합곡(合谷)

H9
소충(少衝)

Liv8
곡천(曲泉)

G38
양보(陽輔)

SP3
태백(太白)

이하선염 ㅡ Parotitis

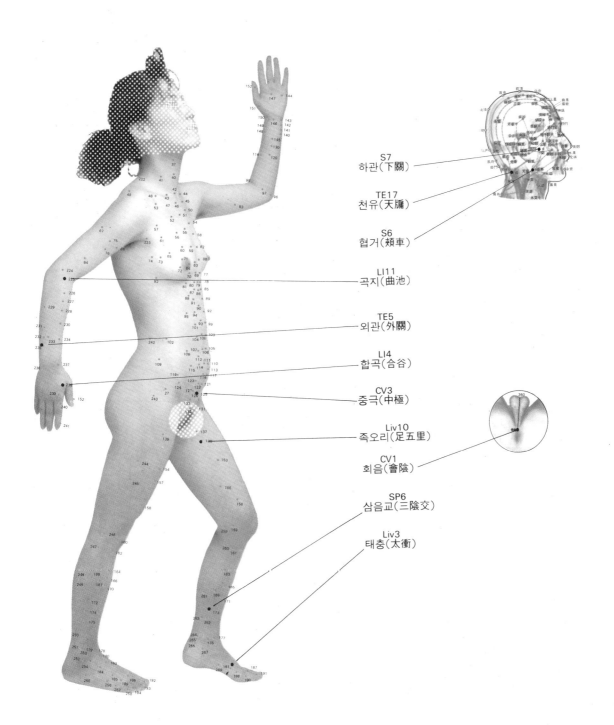

S7
하관(下關)

TE17
천유(天牖)

S6
협거(頰車)

LI11
곡지(曲池)

TE5
외관(外關)

LI4
합곡(合谷)

CV3
중극(中極)

Liv10
족오리(足五里)

CV1
회음(會陰)

SP6
삼음교(三陰交)

Liv3
태충(太衝)

치 통 ㅡ Toothache

원인과 증상

치통의 원인은 충치가 대부분이며 원인치료가 안되면 당연히 재발된다. 충치가 상당히 진행되면 그 통증이 격심해 잠도 잘 수 없는 경우가 많다. 이 때에는 치통에 대한 마취혈을 사용한다. 신기할 정도로 잘 듣는다.

자침후 첨자기하면 편한 잠을 이룰 수 있다.

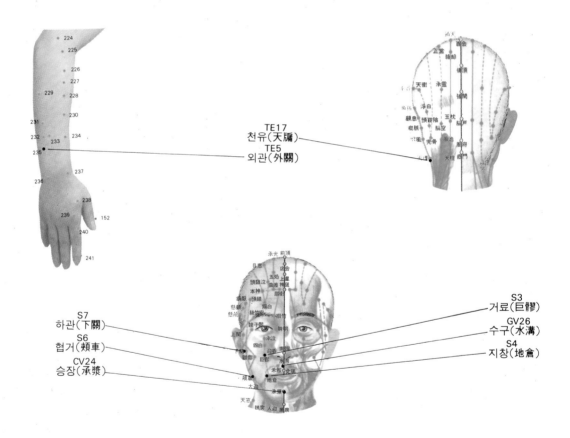

TE17
천유(天牖)
TE5
외관(外關)

S7
하관(下關)
S6
협거(頬車)
CV24
승장(承漿)

S3
거료(巨髎)
GV26
수구(水溝)
S4
지창(地倉)

풍치·치조농루(齒槽膿漏)　　㊀　　Periodontitis

원인 및 증상

　외상이 아닌데도 이에서 피가 나오든지 이에 피가 묻은 것처럼 항상 불그레한 상태라면 치조농루라 생각해도 무방할 것이다. 이것을 그대로 방치해 두면 치근이 나타나고 심하면 이가 빠지고 만다. 그 정도가 아니라도 입내나 치근이 마음이 걸리면 주의해야 하며 치

조농루의 초기증상이 아니면 전문의에 치료를 받아야 한다. 그러나 증세가 가벼운 경우에는 아래 혈을 찾아서 치료하면 증세의 악화를 방지하며 완치될 수도 있으며 치아 및 안면의 통증을 없앨 수 있다.

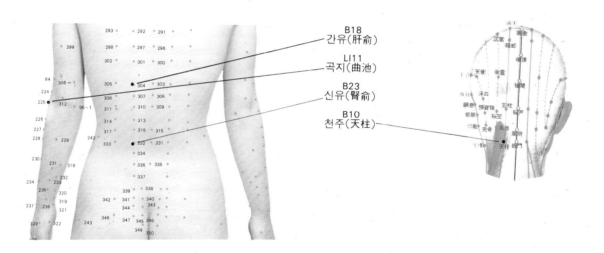

B18
간유(肝俞)

LI11
곡지(曲池)

B23
신유(腎俞)

B10
천주(天柱)

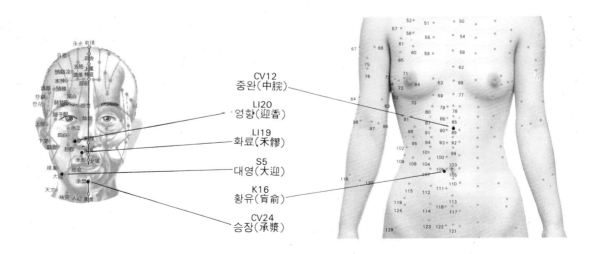

CV12
중완(中脘)

LI20
영향(迎香)

LI19
화료(禾髎)

S5
대영(大迎)

K16
황유(肓俞)

CV24
승장(承漿)

난 청(難聽) ⊕ Bradyacusia

원인 및 증상

동양의학에서는 「귀의 신이 관장한다」고 기록했듯이 신경을 조사하여 원인을 찾아내야 한다. 체력이 쇠약하면 귀가 멀어지는 난청이 된다. 또 나이가 들수록 자연적으로 귀가 멀어지는 것은 누구나 경험하는 사실이다. 난청은 전문적으로 말하면 전음성과 감음성으로 나눌 수 있는데 임상실험의 경혈요법으로 치료 효과를 본 것은 전음성이며, 음을 느끼는 중추자체에 장해가 있을 때 아주 간단히 고쳐지는 것을 많이 본다. 「난청을 고치는 혈」이란 특별한 것이 아니고, 먼저 체력 증강조정의 치료를 계속하면서 다음 경혈을 주기적으로 시술하면 효과적이며 혈에 따라서는 구(뜸)요법을 병행하여 치료하면 더욱 효과적이다.

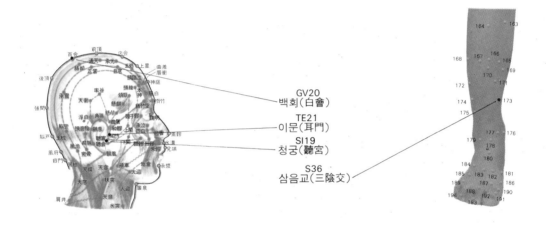

GV20
백회(白會)

TE21
이문(耳門)

SI19
청궁(聽宮)

S36
삼음교(三陰交)

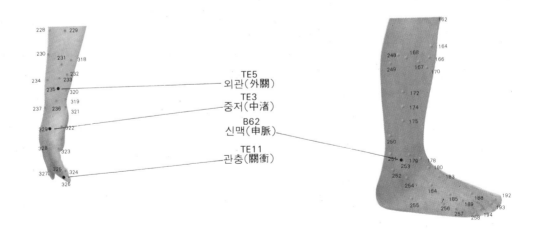

TE5
외관(外關)

TE3
중저(中渚)

B62
신맥(申脈)

TE11
관충(關衝)

비출혈(鼻出血)   ㊀   Nasal haemorrhage

원인 및 증상

비출혈은 비중격의 전단부 혈관이 터져서 일어나는 현상으로 상역, 염증 기타 외상에 의하거나 칠정의화 또는 노역 등으로 인하여 진음을 손상하게 되면 혈이 허 하여서 열이 솟게 된다. 또한 기름진 음식을 과식하거나 주색에 탐닉하여 체내에서 열이 발생하여 경락에 손상을 받게 되거나 표가 한하여서 열이 경내에 갇혔든지 한 경우에 혈기가 역류하여 위로 나오게 되며 이런 질환이 생기게 된다.

특히 동맥경화증, 심장병, 빈혈증의 환자에게 일어나기 쉬우며, 바점막의 질환, 비용등은 직접적인 원인이 되기 쉽다. 일반적으로 얼굴색이 창백해지고 육맥이 모두 허·대한 맥상을 나타내게 된다. 아울러 아래의 혈을 찾아서 주기적으로 끈기있게 시술하면 매우 효과적이며 혈에 따라서는 구(뜸)요법을 병행하여 치료하면 더욱 좋다.

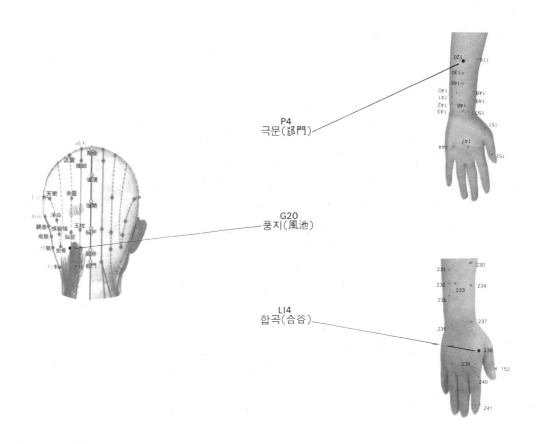

P4
극문(郄門)

G20
풍지(風池)

LI4
합곡(合谷)

인후염 　　　　　　　（一）　　　　　　　 Sore throat

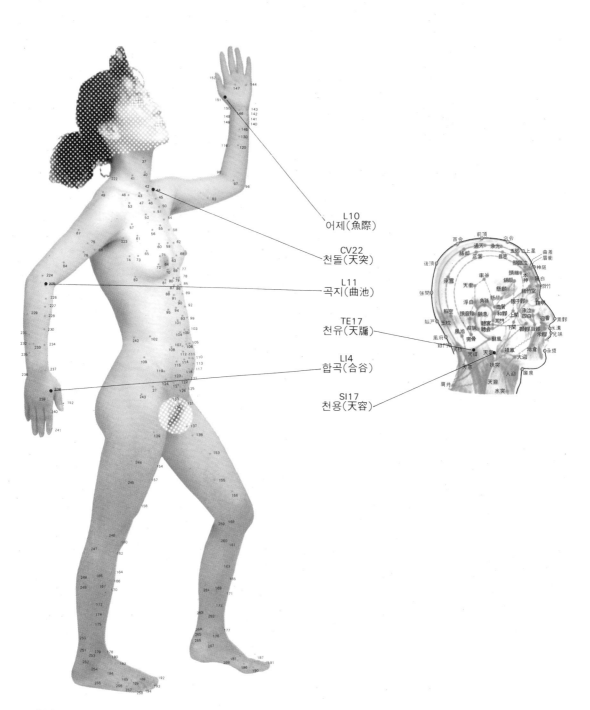

L10
어제(魚際)

CV22
천돌(天突)

L11
곡지(曲池)

TE17
천유(天牖)

LI4
합곡(合谷)

SI17
천용(天容)

이 통(耳痛)　　　　　　─　　　　　　Earache

원인 및 증상

이통의 대부분은 중이·외이의 염증이 원인이 되어 있다. 특히 밤이 되면 심하게 아파서 잠을 잘 수 없다 할 때는 급성중이염의 가능성이 크다고 믿어지니 전문의의 진료가 필요하다. 가벼운 통증이 점점 심하게 되어 음식을 씹어도 통증을 느끼게 되는 때는 외이염 일 가능성이 있다.

어느쪽이든 안정이 필요하며 운동과 목욕은 피해야 한다. 특별한 원인이 없는데도 음식을 씹을 때 귀 주변이 아픈 신경성 이통에는 아래의 혈을 전자침으로 찾아서 주기적인 시술을 하면 효과가 좋으며 혈에 따라서는 뜸 치료를 병행하여 시술하면 더욱 효과적이다.

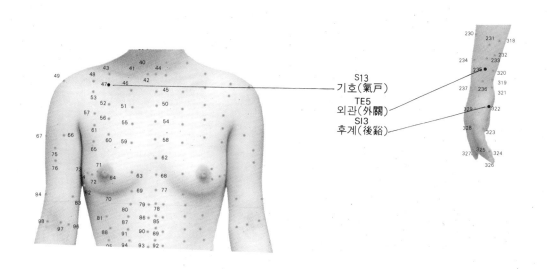

S13
기호(氣戶)

TE5
외관(外關)

SI3
후계(後谿)

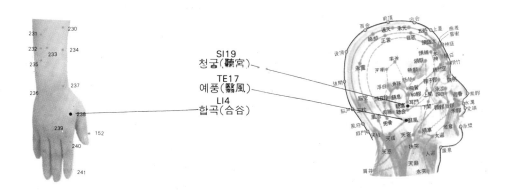

SI19
천궁(聽宮)

TE17
예풍(翳風)

LI4
합곡(合谷)

만성기관지염(氣管枝炎) ㊀ Chronic bronchitis

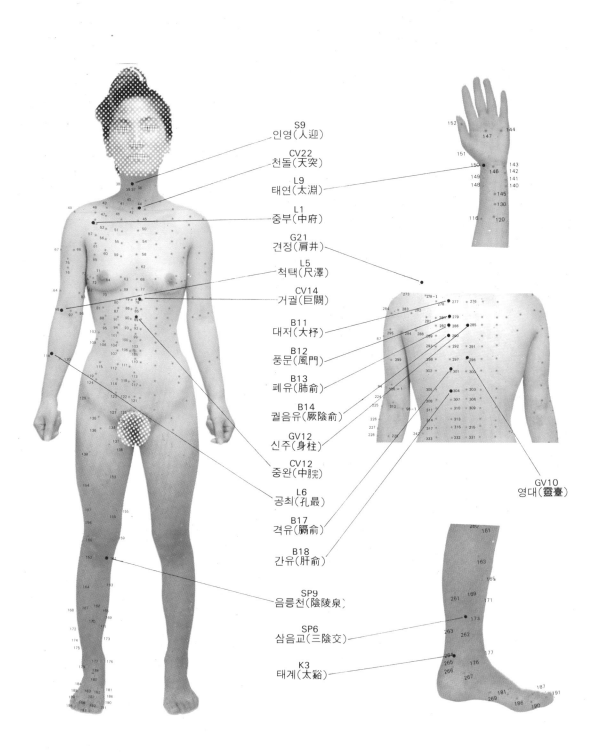

S9
인영(人迎)

CV22
천돌(天突)

L9
태연(太淵)

L1
중부(中府)

G21
견정(肩井)

L5
척택(尺澤)

CV14
거궐(巨闕)

B11
대저(大杼)

B12
풍문(風門)

B13
폐유(肺俞)

B14
궐음유(厥陰俞)

GV12
신주(身柱)

CV12
중완(中脘)

L6
공최(孔最)

B17
격유(膈俞)

B18
간유(肝俞)

SP9
음릉천(陰陵泉)

SP6
삼음교(三陰交)

K3
태계(太谿)

GV10
영대(靈臺)

기관지천식 ⊕ Bronchial asthma

원인 및 증상

천식의 괴로움은 체험한 사람이 아니고는 알 수 없다. 보통 때는 정상적인 사람과 다름이 없는데 발작이 일어나면 씩씩거리며 숨차고 괴로움이 심하고, 안색은 푸르고 식은 땀을 흘리며 입술은 잠깐 사이 자주색으로 변한다. 심할 때는 누워 있을 수도 없고 앞을 구부리고 앉아서 발작이 넋을 때까지 고통을 당한다.

기관지천식은 알레르기성 질환이지만 정신적요인과도 깊은 관계가 있고 정서의 심한 동요로도 발작이 일어나는 경우도 있다. 폐 및 기관지가 밤에 활동하는 부교감신경에 지배되므로 보통 발작은 야간에 일어난다. 중국에서 발견된 신혈인 치천(治喘)은 천식의 급소이다.

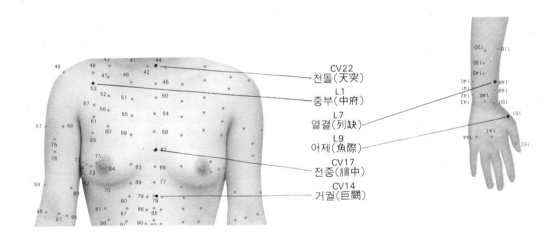

CV22
천돌(天突)

L1
중부(中府)

L7
열결(列缺)

L9
어제(魚際)

CV17
전중(膻中)

CV14
거궐(巨闕)

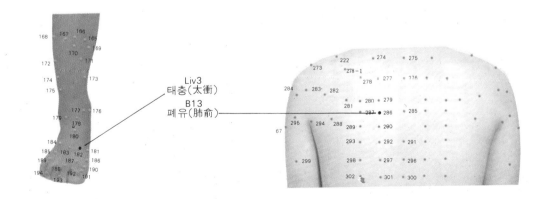

Liv3
태충(太衝)

B13
폐유(肺俞)

감 기 ⊕ Common cold

원인과 증상

감기에 걸리면 따뜻하게 푹 자는 것이 가장 빨리 낮는 요령이다. 악화시키면 좀처럼 고치기 힘들고 만병의 원인이 된다. 특히 노인은 조심하지 않으면 큰 병이 되기 쉽다. 감기는 초기에 다스려야 하며 다음의 경혈이 비방이다. 감기에 걸렸다 생각되면 저지방 고단백 저칼로리의 식사를 따뜻하게 한 후 휴식을 취하여 자연치유능력을 기르고 경혈을 지침하고 자기를 첨부하면 감기는 바로 치료된다.

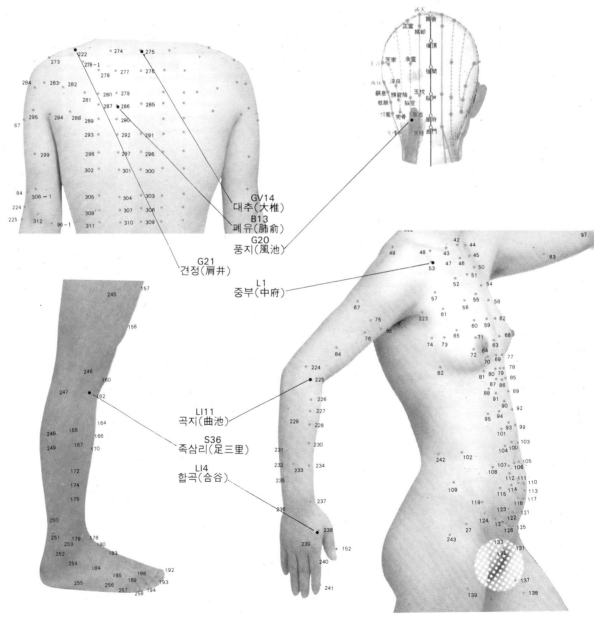

GV14
대추(大椎)
B13
폐유(肺俞)
G20
풍지(風池)
G21
견정(肩井)
L1
중부(中府)
LI11
곡지(曲池)
S36
족삼리(足三里)
LI4
합곡(合谷)

편도선염(扁桃腺炎)　　㊀　　Tonsillitis

원인 및 증상

　　편도선염은 편도선이 종창되는 질환으로, 감위의 유인으로 인하여 발생하는 수가 많으며 선병질의 소아가 걸리기 쉽다. 먼저 인후통이 있어 침을 삼킬 때 동통이 있고 건조한 느낌을 가진다. 편도는 발적종창하여 농점을 나타내고 있는 경우가 많다. 일반적으로 발열이 있고 전신권태, 요통 등을 가져오게 되고 하악부의 임파부가 종창하게 되어 음식물을 삼키기가 어렵게 되고 편도부위가 부어오르는 경우도 많다. 아울러 아래의 혈을 찾아서 주기적인 시술을 하면 효과가 좋으며 혈에 따라서는 구(뜸)치료를 병행하여 사용하면 더욱 효과가 좋다.

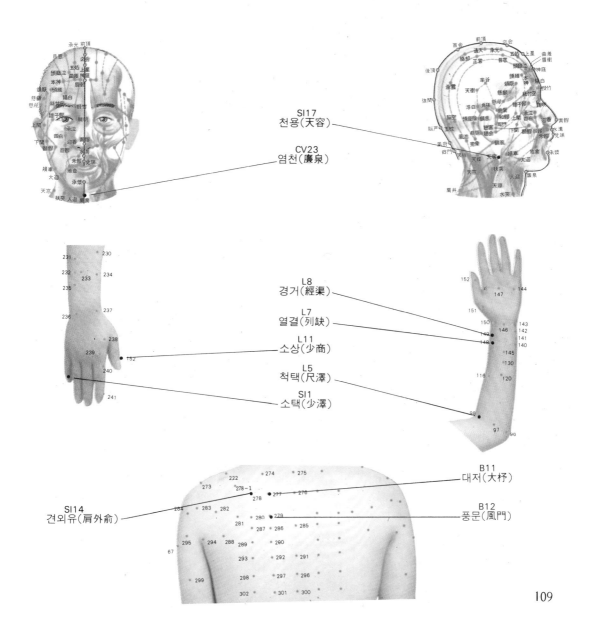

SI17
천용(天容)

CV23
염천(廉泉)

L8
경거(經渠)

L7
열결(列缺)

L11
소상(少商)

L5
척택(尺澤)

SI1
소택(少澤)

B11
대저(大杼)

B12
풍문(風門)

SI14
견외유(肩外俞)

늑간신경통   ⊕   Neuralgia intercostalis

원인 및 증상

늑간신경통은 피로가 겹치거나, 감기에 감염되었을때, 심한 운동으로 상처를 무리하게 사용하거나 비틀면 척추의 좌측에서 옆구리에 걸쳐 심한 격통이 일어날 수 있다. 대개의 경우 심호흡을 할때, 특히 숨을 들이킬때와 큰소리로 말만해도 통증이 몸의 여기저기에서 일어나며 특히 옆구리, 유방과 같은 높이에 오는 통증은 참기 어려울 정도의 고통을 느끼게 된다. 늑간골절카리에스, 흉부암 등

의 질병이 이러한 증상을 나타낼 수 있으므로 전문의의 정밀검사를 받아 진단을 받아야 한다. 그러나 열도 없고 X선상에도 아무런 이상이 없으면 늑간신경통이라 믿어도 좋다.

아래의 경혈을 찾아서 시술하면 효과가 좋으며 침치료는 최상의 치료요법이다. 아울러 혈에 따라서는 구(뜸)치료요법을 병행하여 시술하면 더욱 효과적이다.

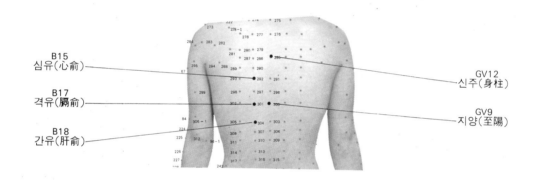

B15
심유(心兪)

B17
격유(膈兪)

B18
간유(肝兪)

GV12
신주(身柱)

GV9
지양(至陽)

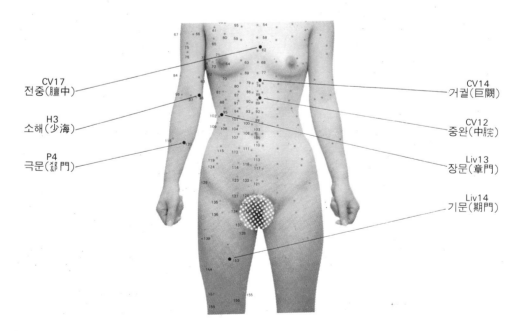

CV17
전중(膻中)

H3
소해(少海)

P4
극문(郄門)

CV14
거궐(巨闕)

CV12
중완(中脘)

Liv13
장문(章門)

Liv14
기문(期門)

만성갑상선증	⊕	Chronic thyroiditis

원인 및 증상

　어쩐지 몸이 무겁고 미열이 있고 가슴의 동계가 심하여 밤잠을 못자고 점점 여위는 증세를 느끼면 갑상선기능항진증의 징조이다. 이것은 목의 결절 바로 밑에 있으며 호르몬을 분비하는 갑상선이 붓는 병이다. 반대로 같은 증세로서 몸이 부어오르면 갑상선병이라도 갑상선기능저하증이라 한다. 기타 기억력의 저하가 생기는 갑상선기능장해도

있다. 혈요법은 특히 이렇게 만성화되어 생긴 여윈 증세·뚱뚱한 증세·동계나 기억력의 쇠퇴로 고민하는 사람의 증상을 경감하는데 큰 도움을 준다. 중증의 환자는 물론 전문의 진료를 받아야 하나, 가벼운 증상이나 만성적증세에는 병행하여 다음 경혈을 주기적으로 시술하면 효과적이다.

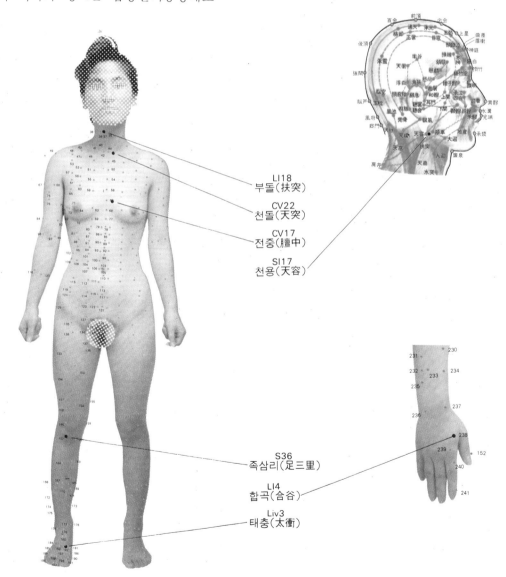

LI18
부돌(扶突)

CV22
천돌(天突)

CV17
전중(膻中)

SI17
천용(天容)

S36
족삼리(足三里)

LI4
합곡(合谷)

Liv3
태충(太衝)

50견(어깨통증, 40~50견) ㊀   Frozen shoulder

원인과 증상

50대의 연령에서 많이 발병하며 어느 날 갑자기 어깨에 통증을 느끼고 팔을 올릴 수 없게 되는 질환으로 견관절주위염이라고도 한다. 최근에는 40견도 많이 나타난다. 인체의 관절중에서 견관절 球節이라 해서 마치 밥공기에 사발을 올려 놓은 것 같은 구조로 되어 있어 모든 방향으로 움직일 수 있다. 이같이 운동범위가 넓은 견관절은 40~50년 동안 인체중에서 가장 많은 움직임을 강요 받아 녹슬게 되어 갑자기 강한 통증으로 되어 나타난다. 50견을 그대로 방치하면 주위조직에 경화나 변성을 오게 하고 관절의 변형이나 운동제한 등의 후유증이 나타나므로 빨리 치료해야 한다. 40~50견은 팔을 움직일 때만 아픈 것이 특징이다.

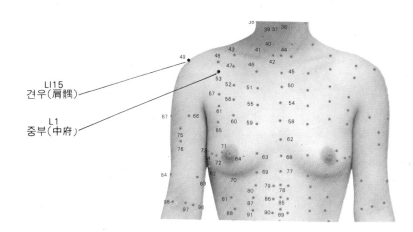

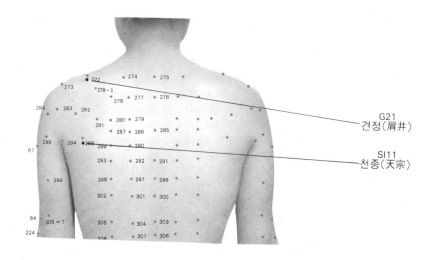

어린이의 밤울음 ⊕ Night crying

원인 및 증상

어린이의 밤울음은 신경과민의 유아에 일어나기 쉬운 일종의 노이로제이다. 천성적 신경과민에 의해 일어나는 경우도 있고 생활환경의 영향을 받는 수도 있고, 특히 최근에는 생활의 변화와 인구증가에 따라 주거의 장소가 대단히 좁아져 있는 실정이며 밤늦게까지 텔리비젼, 라디오의 소음과 도시의 신경질적인 소음이 유아의 잠을 쫓고 어린이들은 자동적으로 신경과민이 되기 쉬워졌다. 또

정도가 지나치면 놀램과 함께 경기를 일으키는 상태로까지 된다. 이러한 증세에는 옛날부터 유명한 산기(散氣)의 뜸이 있다. 기는 사기라 한다. 사기는 동양의학에서 병을 가리키며 원래 어린이는 무사기(無邪氣)이며 그 사기를 제거하는데는 혈요법이 최적이다.

아래 경혈을 전자침으로 찾아 시술하면 효과적이다.

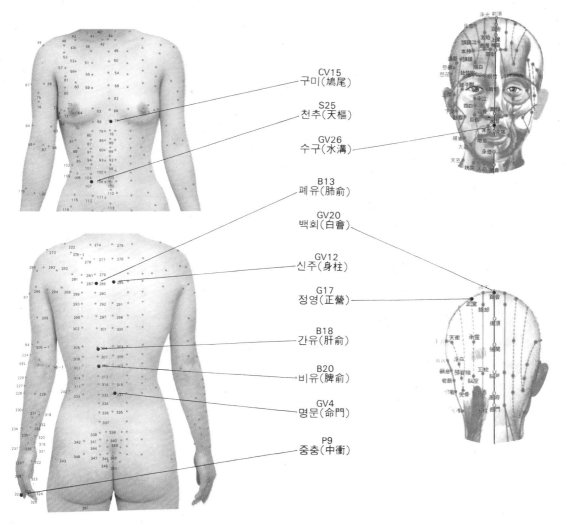

CV15
구미(鳩尾)

S25
천추(天樞)

GV26
수구(水溝)

B13
폐유(肺俞)

GV20
백회(白會)

GV12
신주(身柱)

G17
정영(正營)

B18
간유(肝俞)

B20
비유(脾俞)

GV4
명문(命門)

P9
중충(中衝)

야뇨증(오줌싸개)   ⊕   Eneuresis

원인 및 증상

어린이가 4~5세가 지났는 데도 매일 밤 오줌을 싼다면 이것은 원인을 조사해 볼 필요가 있다. 지금은 어린이에게 야단을 치고 벌거벗은 엉덩이를 철썩철썩 때리는 어머니는 없으리라 믿는다. 밤중 오줌싸개의 어린이는 반드시 하반신이 냉해 있다. 이것은 어린이의 냉증이다. 그렇기 때문에 치료도 이 점을 유의해야 한다. 기타 야뇨증의 원인으로서는 소아천식이 있다. 요즘 도회지 어린이의 소아천식이 불어 나고 있는데, 그런 어린이들은 밤중에 오줌을 싸게 된다. 또 습관성이나 불규칙한 생활에 의한 것도 있다. 그러나 야뇨증의 대부분은 냉증이 주원인이 되어 있다.

아래 경혈을 전자침으로 찾아서 주기적으로 끈기있게 치료하면 치료효과가 높다.

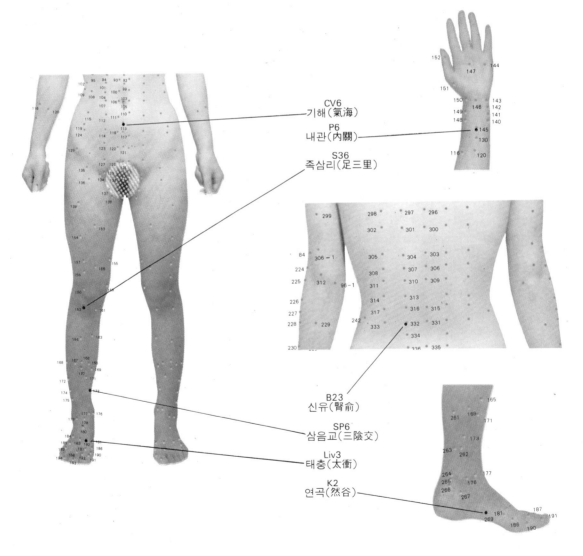

CV6
기해(氣海)

P6
내관(内關)

S36
족삼리(足三里)

B23
신유(腎兪)

SP6
삼음교(三陰交)

Liv3
태충(太衝)

K2
연곡(然谷)

팔 신경통(팔 통증) ⊕ Arm neuralgia

원인과 증상

  거의 모든 신경통은 퇴행성질환이라 볼 수 있다. 팔 신경통도 원인이 확실하지 않은 단순 신경통이라면 아래의 경혈치료로 즉효를 볼 수 있다. 단 전자침이나 자기방으로 2~3일 치료후에도 차도가 없으면 다른 원인이 있으므로 빨리 의사에게 상담해야 한다. 팔에 오는 신경이 모두 견관절 근처를 통과하므로 50견이 원인이 되어 팔 신경통이 오는 경우는 50견을 치료하면 팔 신경통은 자연히 낮게 된다.

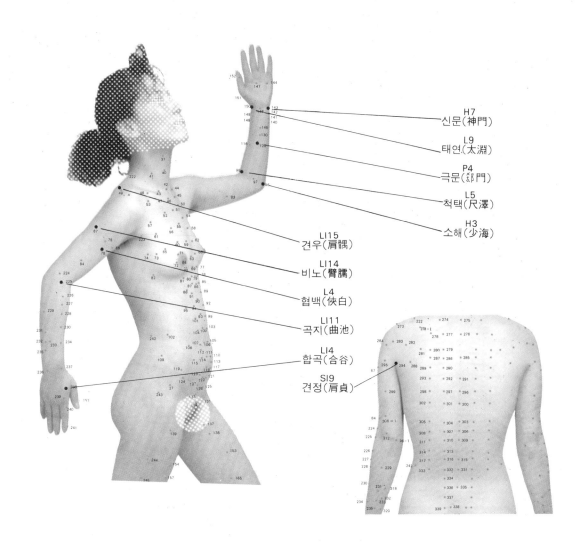

H7
신문(神門)

L9
태연(太淵)

P4
극문(郄門)

L5
척택(尺澤)

H3
소해(少海)

LI15
견우(肩髃)

LI14
비노(臂臑)

L4
협백(俠白)

LI11
곡지(曲池)

LI4
합곡(合谷)

SI9
견정(肩貞)

장딴지에 나는 쥐(腓腹筋 경련) ⊖ Gastrocnemius muscle cramp

원인과 증상

장딴지에 쥐가 빈번하게 나는 사람은 체액이 산성화되어 내장기능 특히 신장기능이 쇠약해진 경우가 많이 있다. 때문에, 본인의 식생활 습관을 고쳐 알칼리성의 식사를 취하도록 명심할 필요가 있다. 다리의 腓腹筋이

아무렇지도 않은데 장딴지에 쥐가 일어나는 것이 아니라 내장의 이상을 장딴지의 쥐가 당신에게 경고하는 것이다. 장딴지에 쥐가 일시적으로 낳아도 내장기능이 약해져 있는 동안은 완치되지 않는다.

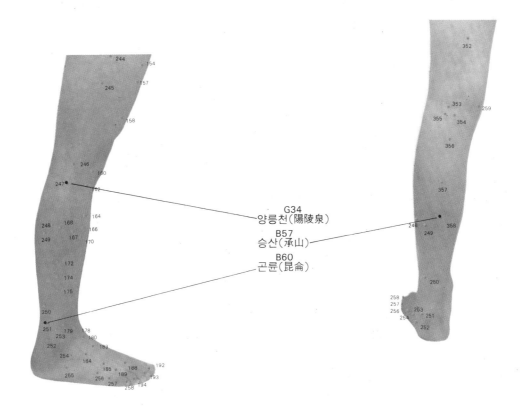

G34
양릉천(陽陵泉)

B57
승산(承山)

B60
곤륜(昆侖)

무릎통증	─	Knee pain

원인과 증상

무릎관절에는 몸의 무게가 많이 걸리기 때문에 누구라도 나이를 먹으면 다소라도 변형이 되지만 조그마한 변형이 무릎통증의 원인이 되는 일은 거의 없다. 그러나 무릎관절사이가 오랜 세월의 부담에 의해 좁아지고 더욱 그 위에 무거운 체중이 걸리면 무릎관절에 염증을 일으키게 된다. 비만인 사람의 무릎

통증이 고치기 어려운 것은 이 때문이다. 무릎에 물이 차기 쉬운 사람도 아래의 경혈에 자침하거나 자석을 붙이면 서서히 가볍게 된다. 무릎은 한 번 손상시키면 좀처럼 고치기 어렵고 일단 고쳐도 재발하는 경우가 많기 때문에 꾹 참고 끈기있게 고치는 것이 중요하다.

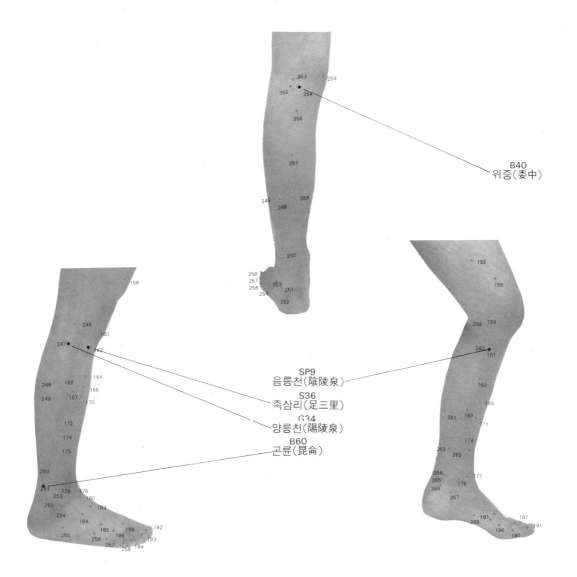

B40
위중(委中)

SP9
음릉천(陰陵泉)

S36
족삼리(足三里)

G34
양릉천(陽陵泉)

B60
곤륜(崑崙)

발목염좌 ㅡ Ankle sprain

원인과 증상

발목을 삐거나 만성 발목통증인 경우 아래의 경혈에 자침하거나 자석을 붙이면 상당히 빠른 효과를 본다. 손상 즉시 치료하거나, 늦어도 당일에만 치료 하여도 붓기도 통증도 없고, 있어도 경미하다.

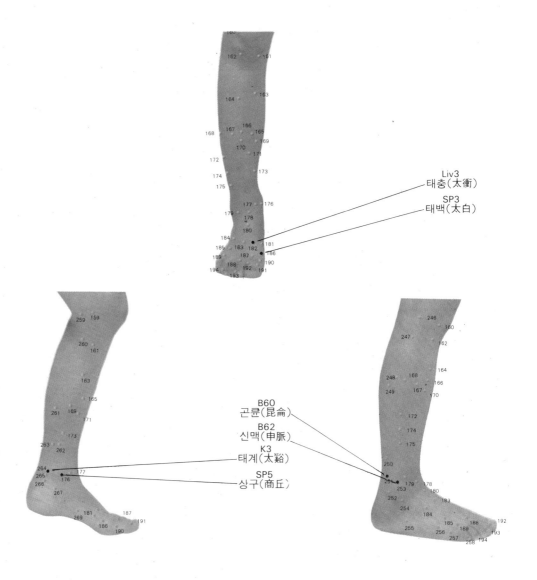

팔의 저림·마비	⊕	Arm palalysis

원인 및 증상

등산할 때 무거운 배낭을 등에 지고 산에 올라가는 사람이 많다. 그런데 등산에서 돌아와서 깜짝할 사이 팔의 힘이 빠지고 팔꿈치가 움직이지 않는다는 증상을 하소연 하는 분이 있다. 이것을 「배낭 마비」라 하며 목의 근원부에서 쇄골상와(鎖骨上窩)를 지나 배낭의 끈이 닿는 팔뚝의 뒷부분 겨드랑밑 등에서 팔에 가는 신경이 배낭의 끈으로 강하게 눌려서 생기는 신경마비의 일종이다. 신경에 변화를 오게 하는 중증은 아니니 걱정할 필요는 없다. 이때 근육의 중압감·탈력감과 저리는 증세가 수반된다.

다음 경혈을 전자침을 이용하여 주기적인 치료를 하면 매우 효과적이고 아울러 혈에 따라서는 구(뜸)요법을 병행하여 치료하면 더욱 효과적이다.

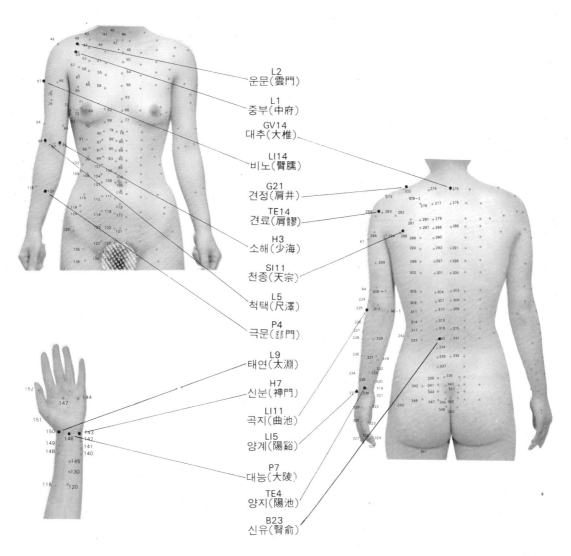

L2
운문(雲門)

L1
중부(中府)

GV14
대추(大椎)

LI14
비노(臂臑)

G21
견정(肩井)

TE14
견료(肩髎)

H3
소해(少海)

SI11
천종(天宗)

L5
척택(尺澤)

P4
극문(郄門)

L9
태연(太淵)

H7
신문(神門)

LI11
곡지(曲池)

LI5
양계(陽谿)

P7
대능(大陵)

TE4
양지(陽池)

B23
신유(腎兪)

손가락의 저림·마비   ⊕   Finger paralysis

원인 및 증상

손가락의 저림은 중풍의 초기증세로 생기는 일도 있지만 대부분은 다음의 세 가지 이유중에 속한다. 첫째, 목뼈의 가벼운 변형으로 손끝을 통하는 신경근이 압박돼 있을 때이다. 5-6번의 경추에 변형이 있으면 모지와 인지, 6-7번은 중지, 경추 7번과 흉추 1번은 약지나 소지에 저리는 증세가 나오기 쉽다. 둘째, 옆 목줄기에서 어깨를 따라, 특히 흉쇄유돌근의 뒤쪽 사각근에 응어리가 심할 때

는 이 근육의 밑을 통해서 심장에서 손 끝으로 가는 혈관, 즉 말하자면 쇄골하동맥이 압박되어 혈액순환이 나빠져 있을 때이다. 세째, 빈혈증으로 손 끝의 혈액순환이 좋지 못할 때다. 팔을 올렸을 때 손목의 맥이 약해지는 것은 둘째의 원인 때문이다.

아래 경혈을 전자침을 이용하여 지속적으로 치료하면 효과적이다.

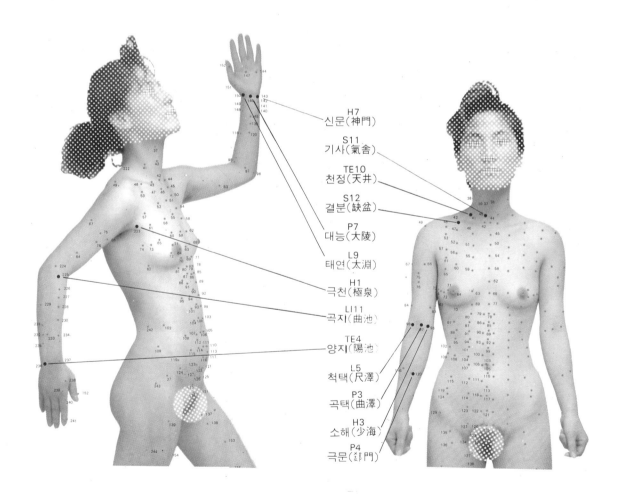

H7
신문(神門)

S11
기사(氣舍)

TE10
천정(天井)

S12
결분(缺盆)

P7
대능(大陵)

L9
태연(太淵)

H1
극천(極泉)

LI11
곡지(曲池)

TE4
양지(陽池)

L5
척택(尺澤)

P3
곡택(曲澤)

H3
소해(少海)

P4
극문(郄門)

관 절 염(關節炎) ㊀ Arthritis

원인 및 증상

비교적 많은 류머티스성 관절염 외에 원인에 따라 임독성관절염, 매독성관절염, 결핵성관절염 등이 있으며 기타 수·족·주·건·척추 등의 관절염이 있고 노인성 관절질환이 있다. 또한 염좌 등이 원인이 되어 전이성으로 관절염이 발생하며 삼출액이 괴는 경우도 있으며 화농성 관절염은 대개 슬관절에 많다. 발병이 생기면 먼저 전신적인 결핍 현상을 느끼고 사지의 산마현상을 느끼다가 점차 관절이 동통·종대하고 표피가 조홍·발열하며 모든 운동이 동통을 유발하게 된다. 따라서 이병에 걸린 사람이 먼길을 걷게 되면 관절이 강직해지고 근육이 위축되며 기형 증세까지 초래하는 수가 있다.

아래의 혈을 전자침으로 시술하면 효과적이며 혈에 따라서는 구(뜸)요법을 병행하면 더욱 효과적이다.

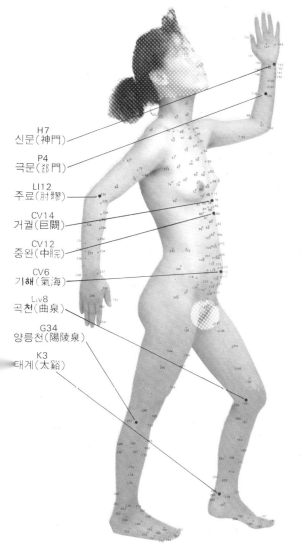

H7
신문(神門)

P4
극문(郄門)

LI12
주료(肘髎)

CV14
거궐(巨闕)

CV12
중완(中脘)

CV6
기해(氣海)

Liv8
곡천(曲泉)

G34
양릉천(陽陵泉)

K3
태계(太谿)

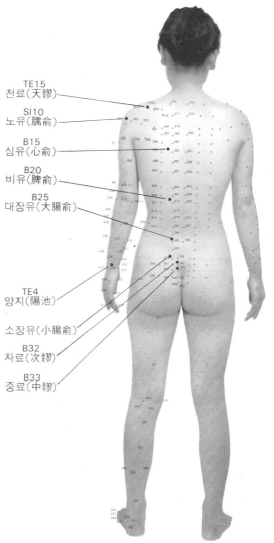

TE15
천료(天髎)

SI10
노유(臑俞)

B15
심유(心俞)

B20
비유(脾俞)

B25
대장유(大腸俞)

TE4
양지(陽池)

소장유(小腸俞)

B32
차료(次髎)

B33
중료(中髎)

류마치스 ⊕ Rheumatism

원인과 증상

1) 급성 관절류마티스 : 10세~30세. 40도
   의 고열과 전신에 심한 동통이 있고,
   관절이 손상된다. 소변의 양이 감소하
   고, 달콤새콤한 냄새의 땀이 난다. 치
   명적으로 내심막염을 일으킬 수 있다.

2) 만성 관절류마티스 : 20세~60세 여성.
   주로 큰관절이 침해된다. 만성진행성이

기 때문에 서서히 관절이 변형되고 근
육이 경직된다.

3) 근육류마티스 : 등의 허리부분에 자주
   일어나고, 갑자기 근육의 전격적인 동
   통이 주로이고 만지면 근경결(근육이
   부드럽게 굳어감)이 있다. 원인불명.

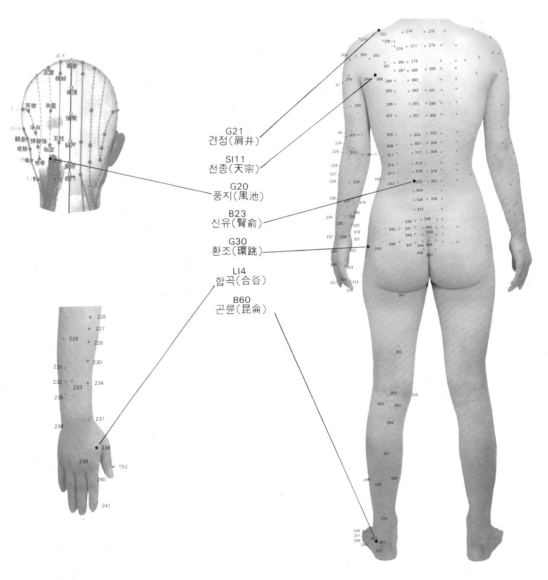

G21
견정(肩井)

SI11
천종(天宗)

G20
풍지(風池)

B23
신유(腎俞)

G30
환조(環跳)

LI4
합곡(合谷)

B60
곤륜(昆侖)

엄지손가락염좌 　　　─　　　 Thumb sprain

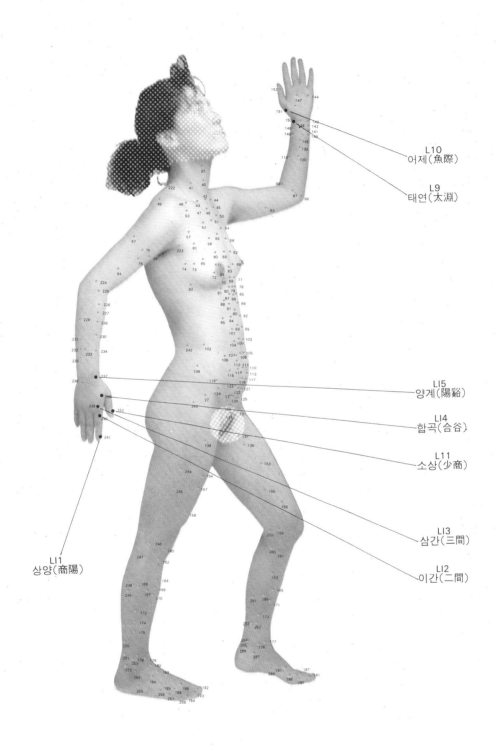

L10
어제(魚際)

L9
태연(太淵)

LI5
양계(陽谿)

LI4
합곡(合谷)

L11
소상(少商)

LI3
삼간(三間)

LI1
상양(商陽)

LI2
이간(二間)

손목염좌 ⊖ Wrist sprain

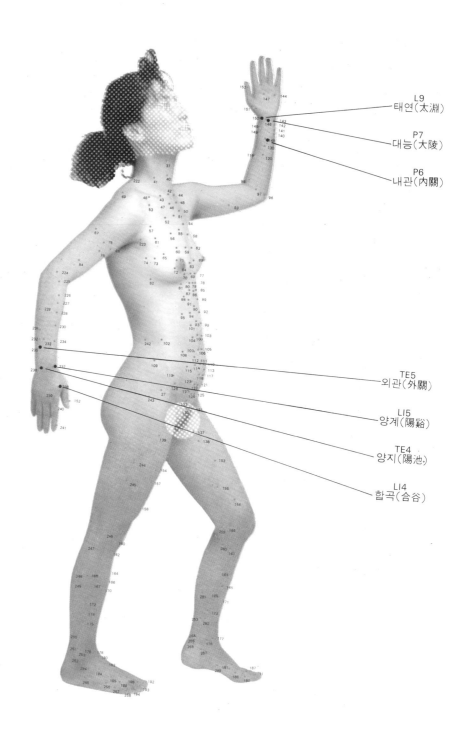

L9
태연(太淵)

P7
대능(大陵)

P6
내관(內關)

TE5
외관(外關)

LI5
양계(陽谿)

TE4
양지(陽池)

LI4
합곡(合谷)

발가락염좌 ⊖ Toe sprain

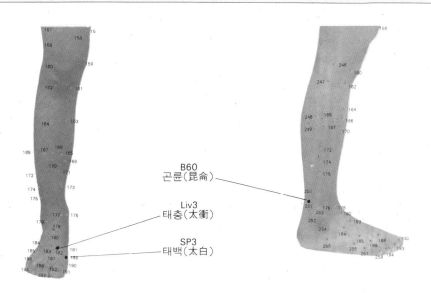

B60
곤륜(昆侖)

Liv3
태충(太衝)

SP3
태백(太白)

손가락염좌 Finger sprain

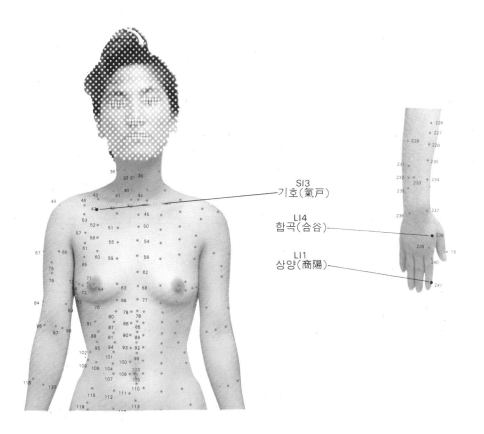

SI3
기호(氣戶)

LI4
합곡(合谷)

LI1
상양(商陽)

125

아킬레스건의 염증 ⊖ Achilles' tendonitis

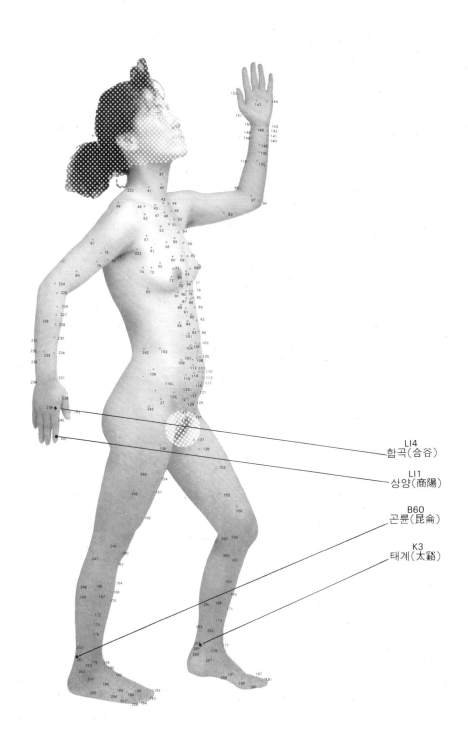

LI4
합곡(合谷)

LI1
상양(商陽)

B60
곤륜(昆崙)

K3
태계(太谿)

두드러기   ⊕   Hives

원인 및 증상

고등어를 먹든가, 식물류에 가까이 접근한다든가, 혹은 일광과 물·찬공기·외기 등 한랭자극에 접촉되면 갑자기 몸이 가렵게 된다. 이른바 알레르기 체질을 가진 사람이다. 이렇게 어떠한 식품이나 약품·식물에 대해서 대단히 민감한 반응을 보이는데 그 반응의 양상도 몇가지가 있다. 그런 알레르기가 피부밑에 있는 점막에 나타나면 두드러기이다. 몸의 일부 혹은 전신이 가려워지고 좁쌀 같은

것이 퍼져간다. 또 눈이 몽롱해지면서 콧물이 나오고 코감기나 위장장해가 생기고 내장의 벽을 조성하고 있는 근육에 나타나면 경련이 되어 기관지 천식을 일으킨다. 때문에 치료법은 알레르기 체질, 그 자체를 먼저 치료해야 한다.

아래 경혈을 전자침으로 찾아 시술하면 효과적이며, 혈에 따라서 구(뜸)요법을 병행하여 치료하면 더욱 효과적이다.

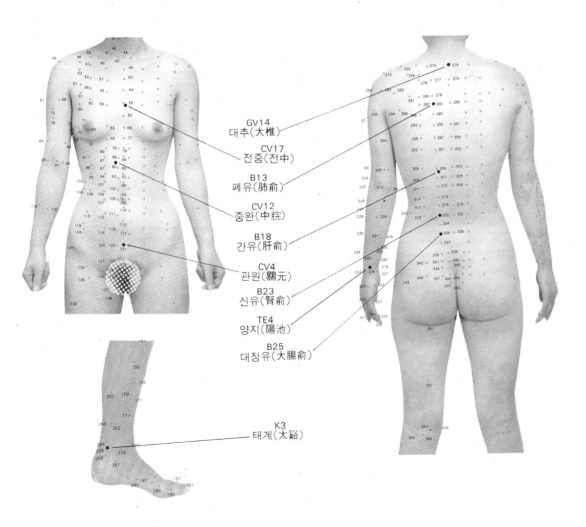

GV14 대추(大椎)
CV17 전중(전中)
B13 폐유(肺兪)
CV12 중완(中脘)
B18 간유(肝兪)
CV4 관원(關元)
B23 신유(腎兪)
TE4 양지(陽池)
B25 대장유(大腸兪)
K3 태계(太谿)

127

동 상 ⊖ Chilblain

원인 및 증상

동상이란 한랭 때문에 신체의 미초에 있는 모세혈관의 기능이 악화되어 수족에 빈혈과 울혈이 생겼기 때문에 일어난 병이다. 그래서 피부는 검붉게 변화하여 부어오른다. 그렇찮아도 인간은 손끝과 발끝에 혈액순환이 안되면 병이 걸리기 쉽다. 따라서 이마와 수족의 체온의 차는 대단히 중요하다. 수준은 정상인이라면 30～32도 정도이지만, 허약한 사람의 경우 얼음과 같이 차디차다. 동상은 이와 같은 상태로 되어 있는 사람에게 일어나기 쉬운데, 동양의학에서는 동상이 될 수 있는 소질이 많은 신체의 변조를 정돈하는 전조효과에 요점을 두고 치료하고 있다. 증세가 심하면 전문의의 진료를 받아야 하나, 가벼운 증상일때는 다음 경혈을 치료하면 효과적이다.

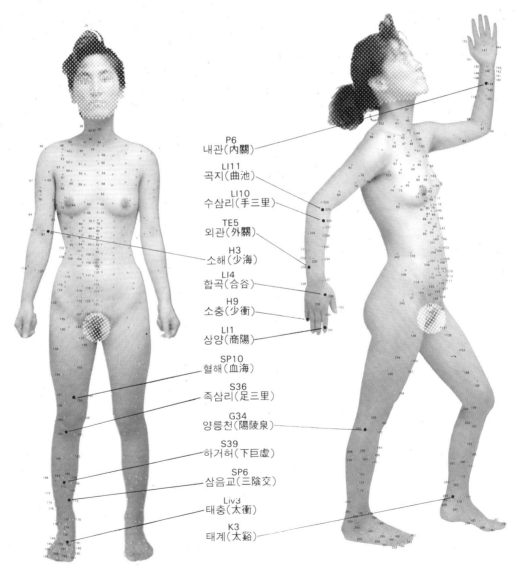

P6
내관(內關)

LI11
곡지(曲池)

LI10
수삼리(手三里)

TE5
외관(外關)

H3
소해(少海)

LI4
합곡(合谷)

H9
소충(少衝)

LI1
상양(商陽)

SP10
혈해(血海)

S36
족삼리(足三里)

G34
양릉천(陽陵泉)

S39
하거허(下巨虛)

SP6
삼음교(三陰交)

Liv3
태충(太衝)

K3
태계(太谿)

탈모예방 　　　　⊕　　　　 Alopecia

원인 및 증상

　　나이가 들면서 머리털이 빠지는 것은 하나의 생리현상이다. 탈모증이 대표적인 것은 원형탈모증이며, 이것은 아픔이나 가려움도 없으며, 머리털이 빠진 자리는 아무런 흔적도 없이 깨끗하다. 가벼운 것은 특별한 치료가 없어도 머리털이 자라 나오는데, 마음에 걸려서 탈모된 부분을 손으로 자주 만져보고 신경질적이 되며 상태가 악화된다. 이마의 양쪽부터 벗겨져가는 것은 남자형 탈모증이라 하여 유전적인 인자와 호르몬이 원인이다. 예방으로는 먼저 식생활에 있어서 단백질이 부족하지 않도록 잘 섭취한다. 그런데 원형탈모증에도 악성탈모증이라 하는 것은 전문의의 치료가 필요하며 아래 경혈을 전자침으로 찾아서 주기적으로 끈기있게 치료하면 치료효과가 높다.

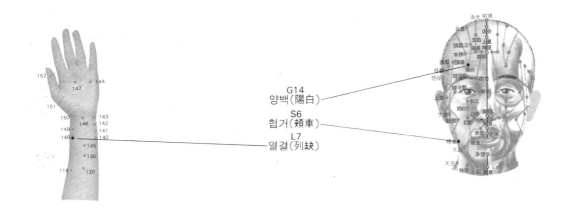

G14
양백(陽白)

S6
협거(頰車)

L7
열결(列缺)

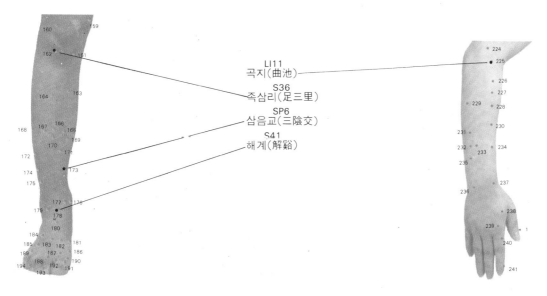

LI11
곡지(曲池)

S36
족삼리(足三里)

SP6
삼음교(三陰交)

S41
해계(解谿)

습 진 ⊕ Eczema

원인 및 증상

이유도.모르면서 자주 습진이 생겨서 고생하는 사람이 많다. 그리고 습진이 심해지면 전신이 가려워 잠도 잘 수 없고 또 식욕도 떨어지고 변비가 계속된다고 하소연하게 된다. 그런 사람을 촉진(觸診)해 보면 몸에 말라붙은 습진이 몸 가운데에서 발견되어 가려움이 심한 부분은 마구 긁어 출혈하고 있는 경우도 있다. 피부 전체가 까칠까칠하고 푸르뎅뎅하고 목·어깨 등의 근육이 나무판자 같이 딱딱하게 굳어서 목의 임파절이 부어 있다. 치료에 대해서는, 습진의 원인은 체질 이상에서 오는 만큼 단순하게 피부면 뿐만 아니라 전신병의 관점에서 체질변조를 위해 노력하지 않으면 안된다.

아래 경혈을 전자침으로 찾아서 주기적으로 끈기있게 치료하면 치료효과가 높다.

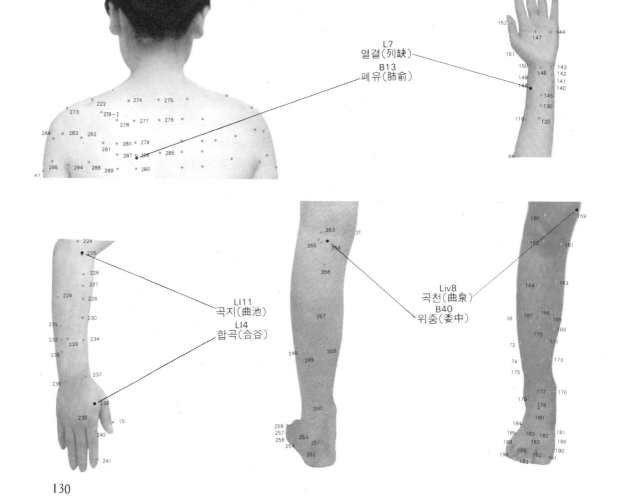

소양증(피부가려움증)　　　㊀　　　Pruritus

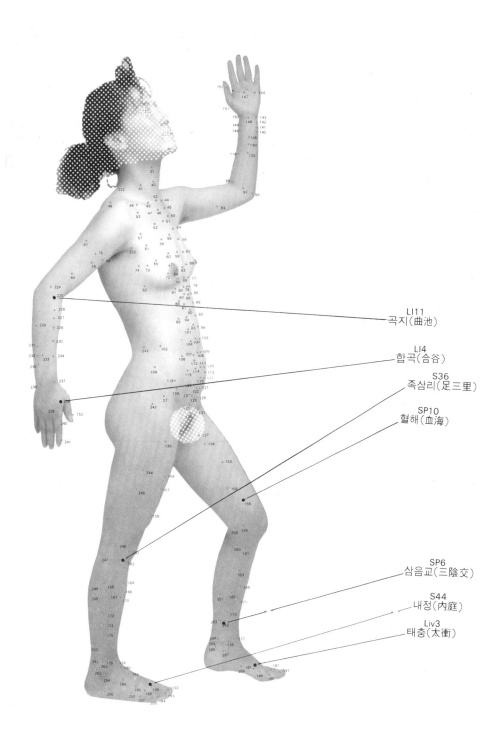

LI11
곡지(曲池)

LI4
합곡(合谷)

S36
족삼리(足三里)

SP10
혈해(血海)

SP6
삼음교(三陰交)

S44
내정(內庭)

Liv3
태충(太衝)

신경성 피부염 Neurodermatitis

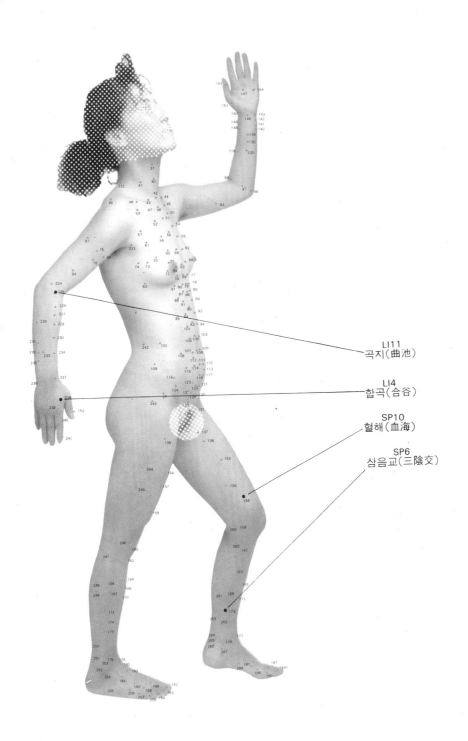

LI11
곡지(曲池)

LI4
합곡(合谷)

SP10
혈해(血海)

SP6
삼음교(三陰交)

대상포진 Herpes zoster

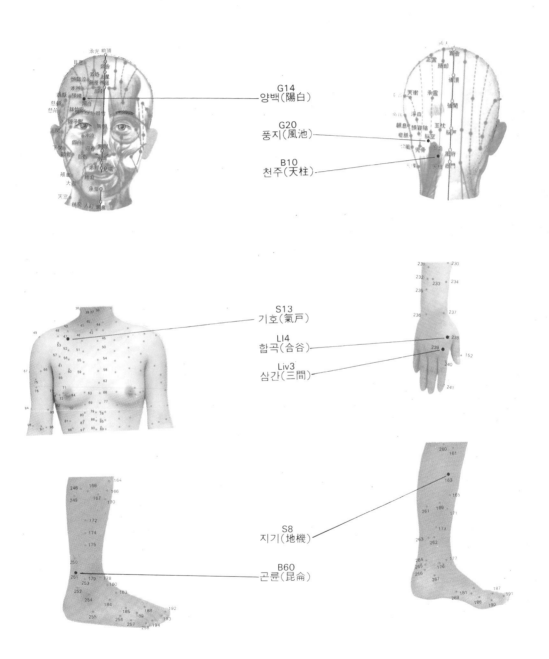

G14
양백(陽白)

G20
풍지(風池)

B10
천주(天柱)

S13
기호(氣戸)

LI4
합곡(合谷)

Liv3
삼간(三間)

S8
지기(地機)

B60
곤륜(崑崙)

133

입술물집(헤르페스 Ⅰ Ⅱ)   ⊕   Herpes simplex

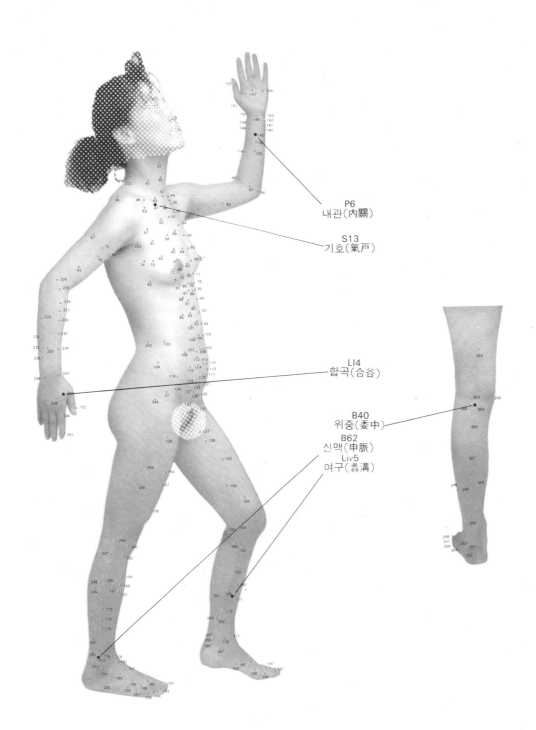

P6
내관(內關)

S13
기호(氣戶)

LI4
합곡(合谷)

B40
위중(委中)

B62
신맥(申脈)

Liv5
여구(蠡溝)

134

유방염(乳房炎) ⊕ Mammitis

원인 및 증상

유방염은 유방의 각종 질환에 수반되는 동통인데 일반적인 것은 유선의 특수한 병변없이 기한동통을 나타내는 경우이며 다음으로 유집분비 부족증과 유선통에도 통한다. 특히 간·담의 기가 울결하고 위경의 열독이 응체되면 기·혈이 조·갈되어서 유방염이 속발하게 되며 일반적으로 유방이 화끈거리고 부어오르며 동통을 일으키다가 때로는 요동을 하게도 되고, 그러다가 마침내 동통부위에 고름이 들어서게 된다.

아래의 혈을 찾아서 주기적으로 시술하면 효과가 좋으며 투약과 병행하여 전자침을 사용하면 더욱 효과적이다.

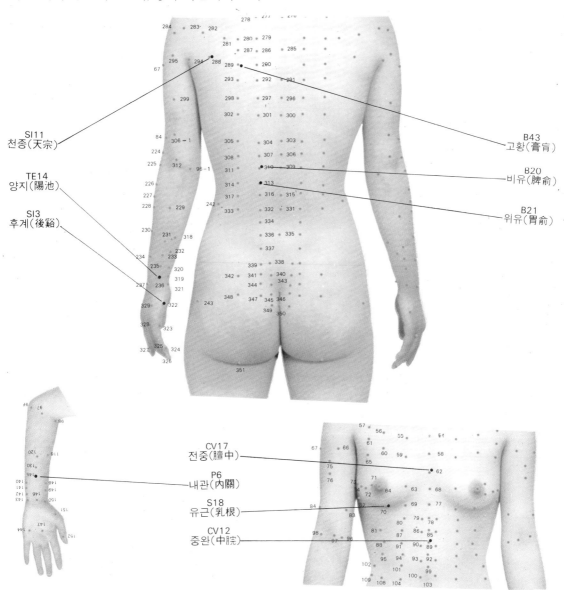

SI11
천종(天宗)

TE14
양지(陽池)

SI3
후계(後谿)

B43
고황(膏肓)

B20
비유(脾俞)

B21
위유(胃俞)

CV17
전중(膻中)

P6
내관(內關)

S18
유근(乳根)

CV12
중완(中脘)

젖분비 ⊕ Milk secretion

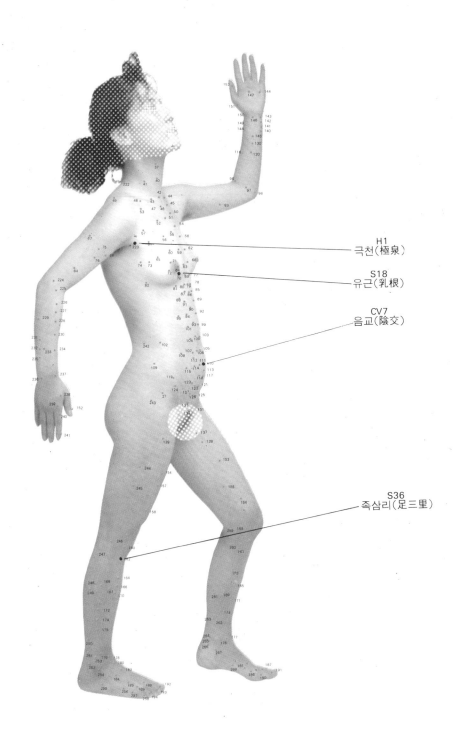

H1
극천(極泉)

S18
유근(乳根)

CV7
음교(陰交)

S36
족삼리(足三里)

냉　증(불감증)　　　⊕　　　Frigiditas sexualis

원인 및 증상

　　사람의 체온은 대략 섭씨 37도로 유지하고 있다. 이 온도는 혈액의 양과 흐름에 따라서 유지되고 있다. 겨울이 되어 외기온도가 내려가면 뇌와 체강 내의 온도를 유지하기 위해 팔과 다리의 혈액을 빨아올려 뇌와 체강 내의 혈류를 좋게 하고, 또한 외기온도가 높아지는 여름에는 혈액이 피부 표면을 흘러 여분의 열을 땀으로 방산하는 것이다. 즉 더위와 추위에 따라서 신체 중의 혈액분포는 끊임없이 변화하고 있으며, 이 조절기능이 저하되면 부분적으로 혈액량의 과부족 현상으로 여러 가지의 증상이 일어나는 것이다. 이것을 냉증이라든가 혹은 열감이라 하며, 동양의학에서는 대단히 중시하고 있다. 치료법으로서는 발과 다리를 따뜻하게 하고, 혈관을 확장하면서 자율신경에 자극을 주는 방법이 최적이다.

　　다음 경혈을 주기적으로 시술하면 효과적이며 혈에 따라서는 구(뜸)치료요법을 병행하여 시술하면 치료효과가 더욱 높다.

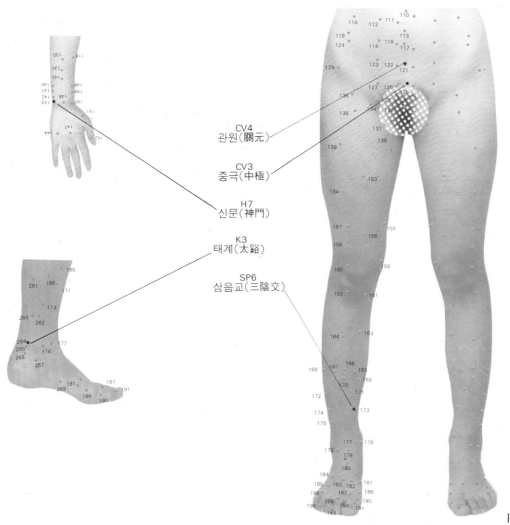

CV4
관원(關元)

CV3
중극(中極)

H7
신문(神門)

K3
태계(太谿)

SP6
삼음교(三陰交)

생리통·생리불순 ⊕ Meno-rrhalgia· Menstrual irregularity

원인과 증상

생리통이나 생리불순은 여성호르몬의 분비가 불균형하기 때문에 생기는 것으로서 많은 여성에게 보여지고 있다. 여성의 호르몬을 조절하는 특효 경혈은 三陰交라는 급소로 여성의 생리통·생리불순은 기적적으로 잘 든다. 호르몬이상이 있는 여성은 이 경혈을 누르면 뛰어오를 정도로 아파하고 사람에 따라 만지기만 해도 통증을 느낀다. 반면 자궁이나 난관에 이상이 없는데 아이가 안생기는 소위 기능적 불임여성에게서는 심한 생리통이나 생리불순을 많이 볼 수 있다. 이러한 여성은 다음의 경혈로 생리통이나 생리불순을 치료하면 머지않아 임신하는 예가 많다.

이처럼 임신한 여성은 호르몬조절이 잘 되기 때문에 입덧도 가볍고·순산하는 것이 보통이다.

1) 삼음교, 상선
2) 주요경혈 ; 관원, 삼음교
   (1) 조기생리 ; 혈해, 행간
   (2) 늦은생리 ; 족삼리
   (3) 생리불순 ; 태충
3) 월경곤란 ; 삼음교, 관원
   (1) 침체된 생체에너지 및 혈액응고 귀래, 기해
   (2) 냉 족삼리, 신유

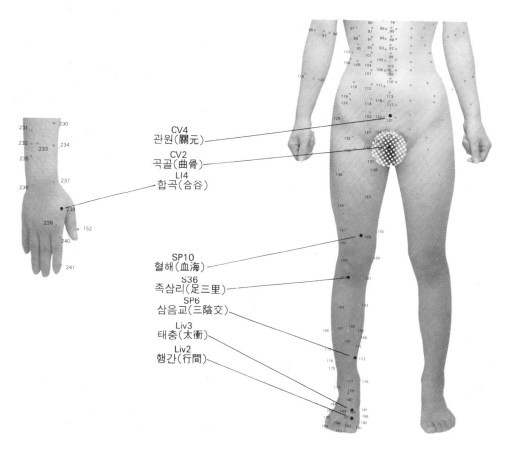

CV4
관원(關元)

CV2
곡골(曲骨)

LI4
합곡(合谷)

SP10
혈해(血海)

S36
족삼리(足三里)

SP6
삼음교(三陰交)

Liv3
태충(太衝)

Liv2
행간(行間)

불임증 (여성)　　　⊕　　　(Female) Sterility

원인 및 증상

한 마디로 불임증의 원인은 다종다양하다. 남성측에 원인이 있는 경우는 무정자증과 정자의 이상이며 여성의 경우는 영양장해·내분비계이상·자궁과 난소이상이 원인이 되어 있다. 먼저 전문의의 진료를 받을 필요가 있다. 임신될 수 있는 조건이 없으면 수태는 안되는 것이다. 자궁근종·난소종양·자궁경관염과 강(질)의 병 등의 원인이 되어 있을 때는 수술과 기타의 처치로 고쳐지는 수도

있다. 불임증이 단번에 고쳐지고, 치료받는 그날부터 어린이가 들어선다는 마법같은 혈은 없다. 여성의 신체 전체의 기능을 원만히 조절하고 원기를 불어넣어 주는 혈요법을 계속함으로써 목적을 달성하게끔 도와주는 것이다. 이렇게 해서 성공한 예가 아주 많으므로 아래 경혈을 전자침을 이용하여 주기적으로 치료하면 매우 효과적이다.

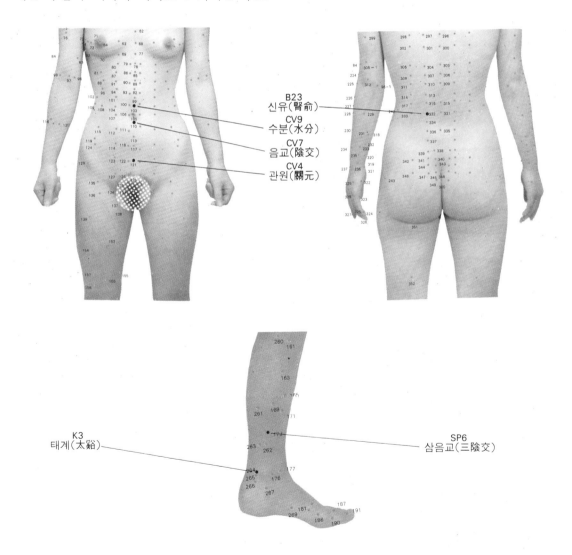

대 하(帶下) ⊕ Leukorrhea

원인 및 증상

대하에는 생리적인 백대하 이외에 염증성 삼출물이 나오는 병적대하인 전정대하, 질성대하, 자궁체성대하, 경관성대하, 난관성대하가 있으며 백대하는 여자의 음문에서 때때로 흰물질이 흘러 나오는데 콧물 같기도 하고 침 같기도 하다. 증세가 심하면 그 냄새가 지저분하고 고약하다. 적대하는 혈성대하라

고도 음문속에서 피 같지만 피가 아니고 탁한것 같지만 탁하지도 않은 적색의 유집이 흘러 나오는데 이것을 일반적으로 적대하 또는 적대라 한다.

침·구요법이 효과적이며 아래의 혈을 찾아서 전자침으로 시술하면 효과가 좋으며 투약을 병행하여도 무방하다.

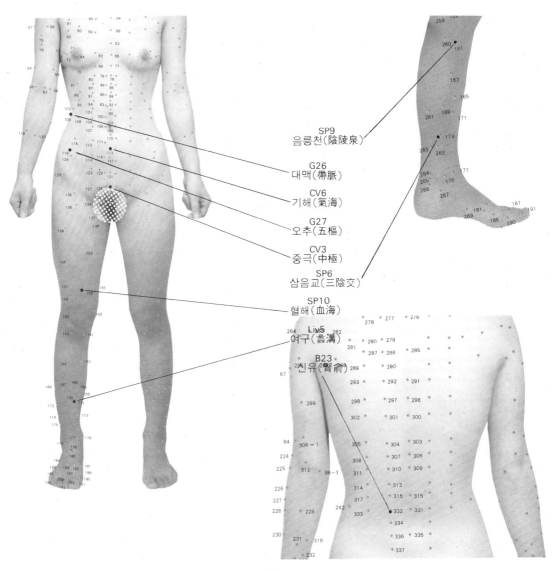

SP9
음릉천(陰陵泉)

G26
대맥(帶脈)

CV6
기해(氣海)

G27
오추(五樞)

CV3
중극(中極)

SP6
삼음교(三陰交)

SP10
혈해(血海)

Liv5
여구(蠡溝)

B23
신유(腎兪)

기미・주근깨 없애기　　　　⊕　　　　Freckles

원인 및 증상

　기미・주근깨는 여성의 미용에 큰 고민이다. 기미는 전문적으로 간반이라 하며, 얼굴・눈・입의 언저리에 생기는 흑색에서 검붉은색 등 불규칙한 반점을 말한다. 원인으로서는 정신적・신체적 피로나 각종기능의 장해와 임신 등을 들 수 있다. 무엇보다 강한 직사광선을 피하는 것이 중요하다. 수면을 충분히 취하고 느긋한 기분으로 생활하는 것도 필요하다. 한편, 주근깨는 사춘기여성 중

얼굴이 흰사람에 잘 나타나는 증세이다. 체질적으로 유전적인 것도 있다. 동양의학에서는 혈요법을 활용한 치료에 의해 체력과 전신조절로써 자연치유력을 높이도록 하여 왔다.

　아래 경혈을 전자침을 이용하여 주기적으로 치료하면 매우 효과적이며 혈에 따라서는 구(뜸)요법을 병행하여 시술하면 치료효과가 더욱 효과적이다.

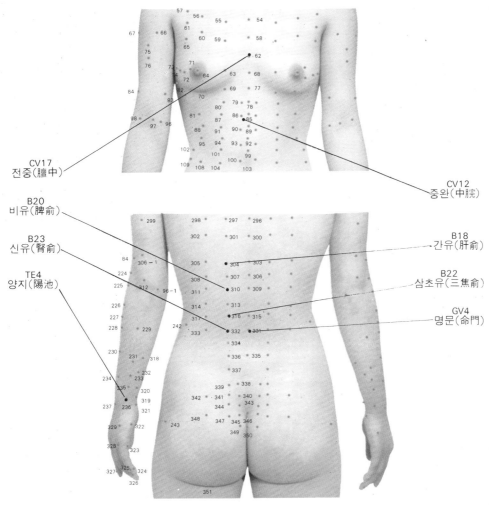

CV17
전중(膻中)

CV12
중완(中脘)

B20
비유(脾俞)

B18
간유(肝俞)

B23
신유(腎俞)

B22
삼초유(三焦俞)

TE4
양지(陽池)

GV4
명문(命門)

머리칼을 윤기나게 　⊕　 Glossy hair

원인 및 증상

　머리털은 손톱과 마찬가지로 피부가 변형되어 나오는 것이므로 때로는 우리들의 건강 상태를 알 수 있는 척도이다. 고통과 괴로움을 잘 나타내는 예로 하룻밤 사이 모발이 백발이 됐다든가, 정신적으로 고통이 많은 사람이 고생이 심하여 나이보다 흰 머리칼이 많다는 말을 한다. 백발은 유전적인 요인도 있지만 걱정거리나 과로가 겹치면 틀림없이 흰 머리칼이 늘어나며 모발에 윤이 없어 바

삭바삭해지는 것이다. 백발이 많아지든가 모발에 윤기가 없든지 하면 체력적으로도 몸이 쇠약해졌다는 증거라 생각되는데, 이것은 가슴과 배의 내장기능을 조절하는 자율신경의 기능이 충실하지 못함을 나타내는 것이다.
　아래의 경혈을 전자침으로 찾아서 시술하면 효과가 좋으며 주기적으로 끈기있게 사용하면 효과가 더욱 좋다.

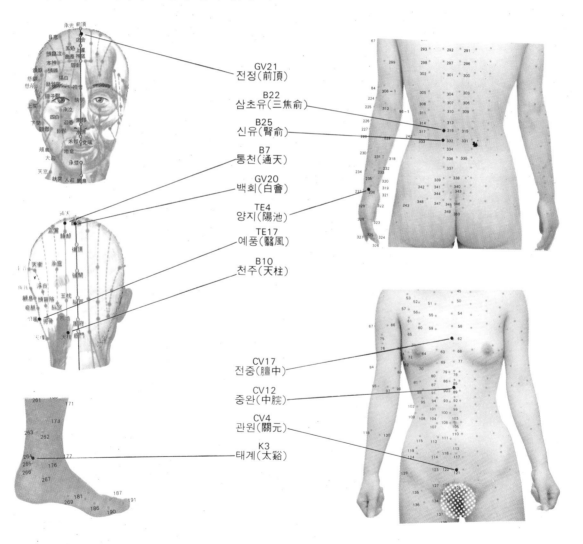

GV21
전정(前頂)

B22
삼초유(三焦俞)

B25
신유(腎俞)

B7
통천(通天)

GV20
백회(白會)

TE4
양지(陽池)

TE17
예풍(翳風)

B10
천주(天柱)

CV17
전중(膻中)

CV12
중완(中脘)

CV4
관원(關元)

K3
태계(太谿)

142

여드름·부스럼 없애기 ⊕ Acne·Pimple

원인 및 증상

여드름은 젊음의 상징이다. 초기엔 얼굴과 팔, 그리고 손등에는 불긋불긋한 좁쌀알 같은 것이 생기고 후에는 그 속에 농이 고이게 된다. 심할 때는 흰 농이 나온 후 검붉은 기미가 남는 수가 있지만 이것은 사춘기가 지나면 없어지기 때문에 걱정할 것은 아니다. 여드름의 원인은 대단히 복잡하여 호르몬과 비타민의 과부족, 위장의 변조, 자율신경의 이상

으로 생긴다고 한다. 특히 지방이 많은 사람이 나오기 쉬우며 세균감염의 요인이 되어 일어나는 경우도 있다. 동양 의학에서는 여드름과 부스럼을 직접 고치기 보다 체질개선의 변조 효과를 목적으로 치료한다.

다음 경혈을 주기적으로 시술하면 효과적이며, 결과적으로는 여드름이 없어지든가 나오지 못하게 된다.

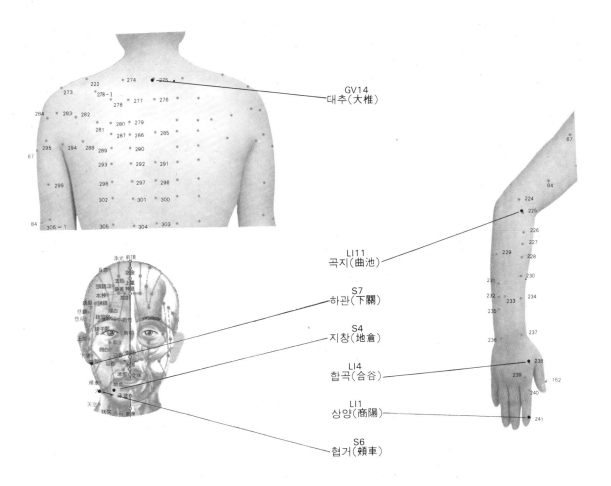

GV14
대추(大椎)

LI11
곡지(曲池)

S7
하관(下關)

S4
지창(地倉)

LI4
합곡(合谷)

LI1
상양(商陽)

S6
협거(頬車)

알콜중독   ⊕   Alcoholism

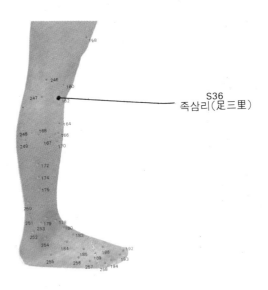

S36
족삼리(足三里)

담배끊는 혈   ⊕   Stop smoking

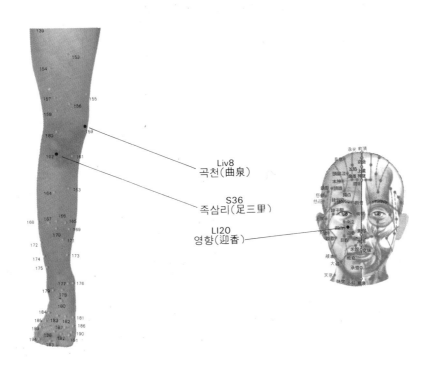

Liv8
곡천(曲泉)

S36
족삼리(足三里)

LI20
영향(迎香)

144

약물중독   ⊕   Medicinal poisoning

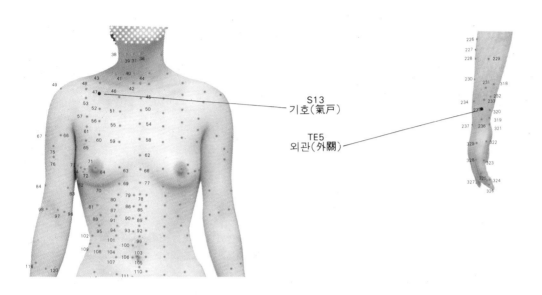

S13
기호(氣戶)

TE5
외관(外關)

식욕증진   ⊕   Improvement of appetite

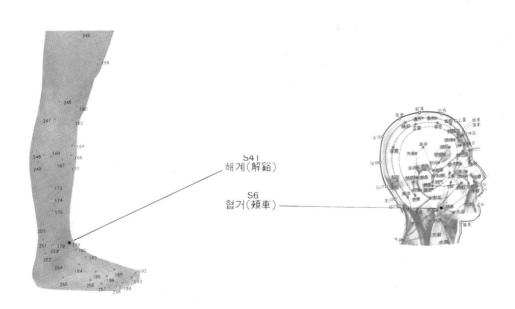

S41
해계(解谿)

S6
협거(頰車)

스트레스 · 긴장 　　　　 ⊖ 　　　　 Stress · tension

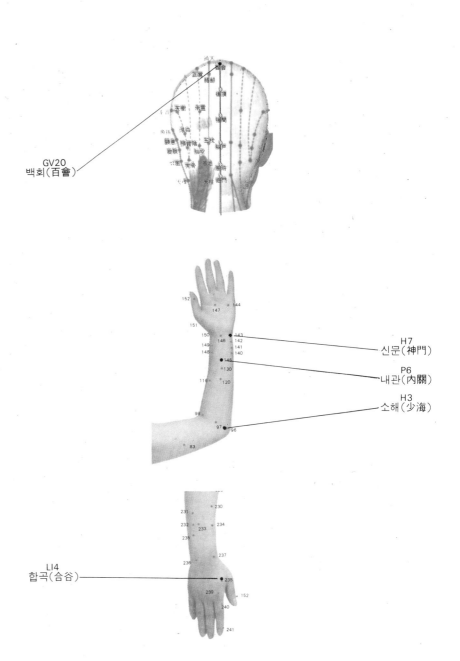

GV20
백회(百會)

H7
신문(神門)

P6
내관(内關)

H3
소해(少海)

LI4
합곡(合谷)

테니스·골프 엘보우 Tennis·golf elbow

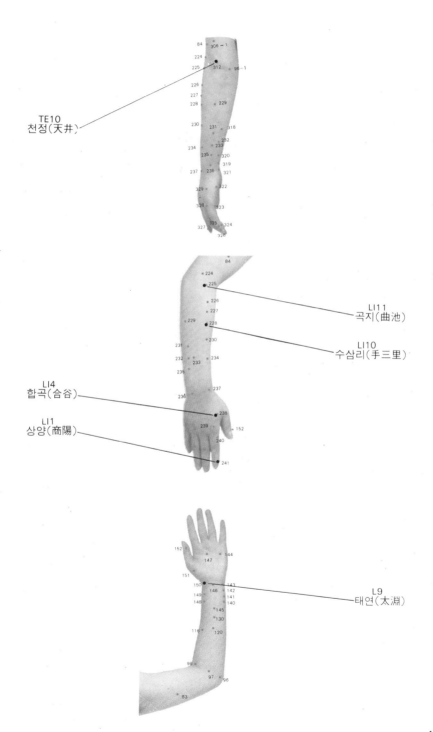

TE10
천정(天井)

LI11
곡지(曲池)

LI10
수삼리(手三里)

LI4
합곡(合谷)

LI1
상양(商陽)

L9
태연(太淵)

기 력 감 퇴　　　⊕　　　Decline in energy

원인 및 증상

　어쩐지 몸이 나른하고 활동하고 싶지 않은 상태는 복잡한 오늘날의 사회를 살아가는 많은 사람들이 체험하고 그런 증세의 괴로움을 경험하고 있다. 이런 증세를 일괄하여 노이로제에 의한 것이라 생각했는데 최근에는 이러한 미증상은 여러가지의 병이 원인이 되어 나타난다는 것을 알게 되었다. 중압감이나 노이로제를 일으킬 뿐만 아니라 여러가지 병이 원인이 되어 그것이 기력감퇴를 유인한다.

　뚜렷한 병의 원인이 있을 때는 그 원인을 치료하면 해결되지만, 원인없이 기력없는 상태가 계속될 때도 있다. 이럴 때는 체력을 조절하는 동시에 정상으로 이끌어·주는 혈요법이 치료에 최적이다.

　전자침을 이용하여 주기적으로 치료하면 매우 효과적이며 혈에 따라서는 구(뜸)치료 요법을 병행하여 시술하면 더욱 효과적이다.

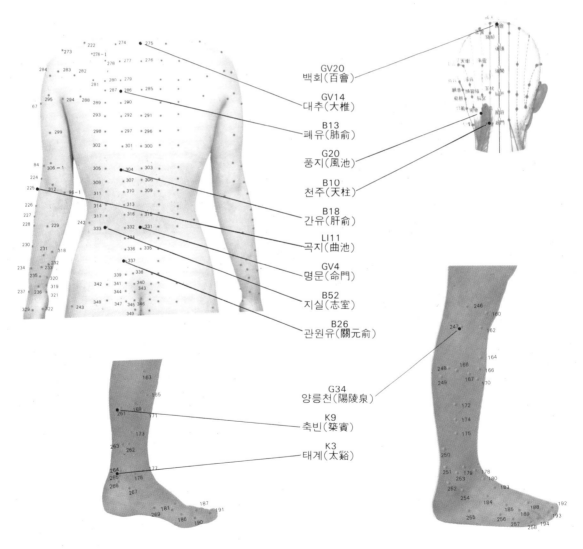

GV20
백회(百會)

GV14
대추(大椎)

B13
폐유(肺兪)

G20
풍지(風池)

B10
천주(天柱)

B18
간유(肝兪)

LI11
곡지(曲池)

GV4
명문(命門)

B52
지실(志室)

B26
관원유(關元兪)

G34
양릉천(陽陵泉)

K9
축빈(築賓)

K3
태계(太谿)

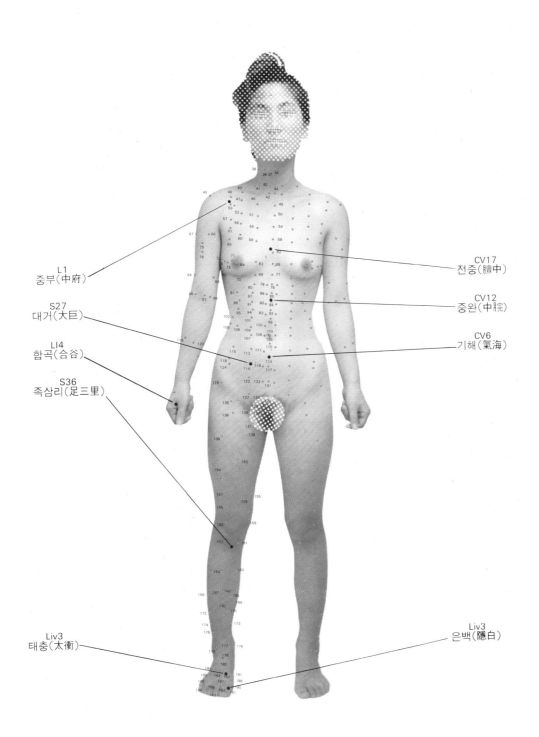

L1
중부(中府)

CV17
전중(膻中)

CV12
중완(中脘)

S27
대거(大巨)

CV6
기해(氣海)

LI4
합곡(合谷)

S36
족삼리(足三里)

Liv3
태충(太衝)

Liv3
은백(隱白)

신경쇠약(神經衰弱) ⊕ Nervous prostration

원인 및 증상

신경쇠약은 대병(큰병)을 앓은 다음이나 뇌력을 과도하게 쓰는 경우 속발하기 쉬우며 경우에 따라서는 수음을 지나치게 하여도 걸리는 수가 있다. 일반적으로 두목이 몽롱해지고 시력장애나 피로하기 쉽고 불면증과 불안상태나 흥분상태에 빠지기 쉽다. 매사에 자신이 없어지고 회의적이며 기억력과 결단력이 감퇴되고 두통, 현훈 형상과 함께 신체

각 부위의 동통, 불쾌감, 지각 이상증상을 느끼게 된다. 아울러 식욕감퇴, 피부긴장, 안검, 수지, 혀 등의 진전이 일어나며 기타 요의 누수, 변비 등을 일으키기도 한다.

아래의 혈을 전자침으로 찾아서 주기적으로 시술하면 최적의 효과를 얻을 수 있으며 정신건강이 중요하므로 투약을 병행하여 치료하여도 좋다.

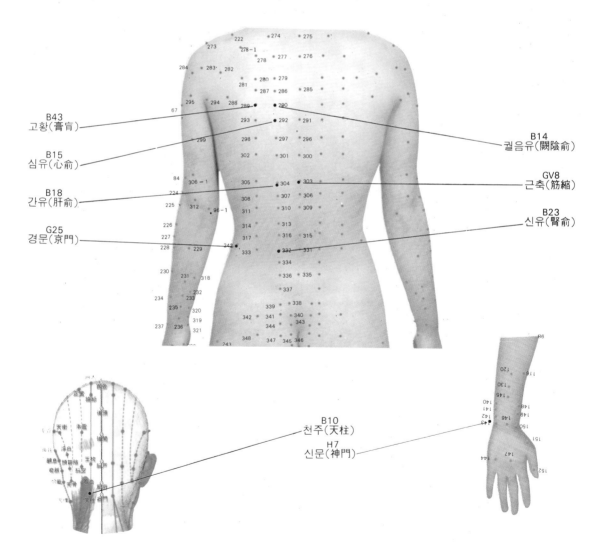

집중력을 높임 ⊕ Concentration

원인 및 증상

염좌·축농증·고혈압·당뇨병이 원인이 되어 집중력과 기억력이 저하되는 수가 있다. 그러나 이러한 증세는 원인이 되는 병의 치료를 먼저하면 집중력과 기억력도 자연히 해결된다. 여기에서는 정신적·육체적 피로와 중압감 때문에 좌우되는 경우이다. 특별한 원인이 되는 병도 없이 집중력이 저하될 때는 자신도 모르게 피로가 겹쳐 있을 때가 많다.

이럴 때는 전신을 정돈하는데 심신을 기울려야 할 것이며, 신체 전체의 기능이 정상으로 복구됨에 따라 집중력과 기억력도 생겨나게 된다.

아래 경혈을 전자침으로 찾아 시술하면 효과적이며 혈에 따라서는 구(뜸)요법과 지압을 병행하여 시술하면 치료효과가 더욱 좋다.

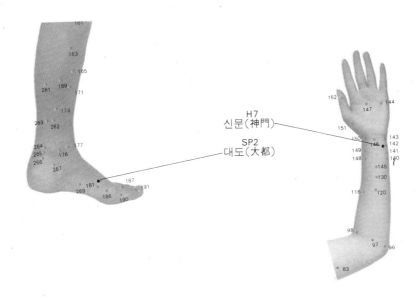

H7
신문(神門)

SP2
대도(大都)

졸도(호흡정지)	⊕	Syncope

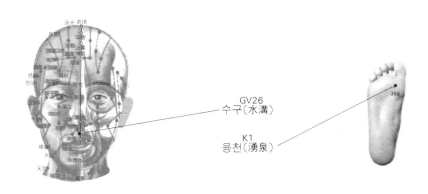

GV26
수구(水溝)

K1
용천(湧泉)

빈혈	⊕	Anemia

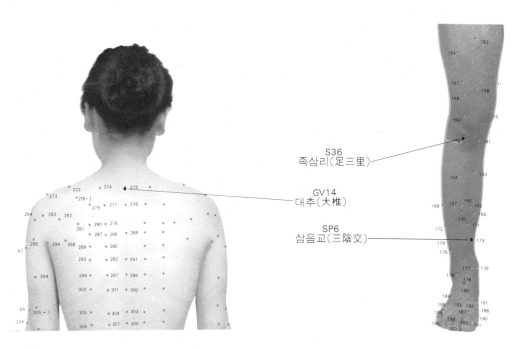

S36
족삼리(足三里)

GV14
대추(大椎)

SP6
삼음교(三陰交)

기억력   ⊕   Memory

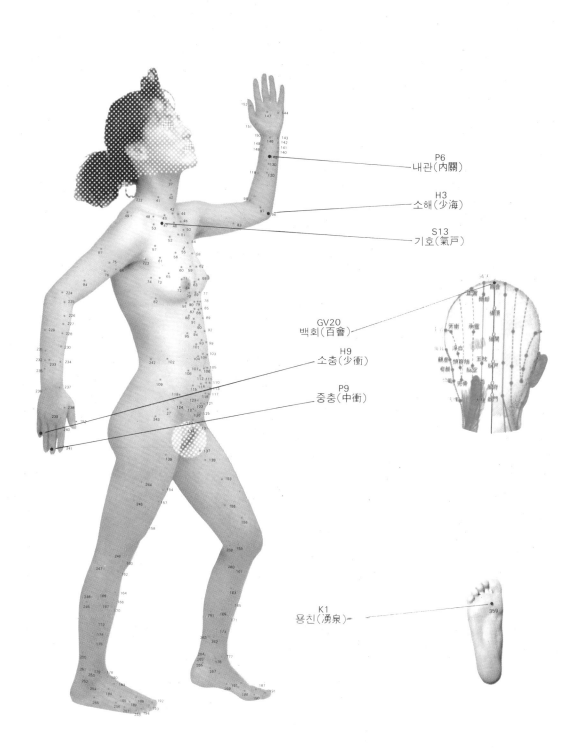

P6
내관(內關)

H3
소해(少海)

S13
기호(氣戶)

GV20
백회(百會)

H9
소충(少衝)

P9
중충(中衝)

K1
용천(湧泉)

153

남성불임증 ⊕ Sterility (Male)

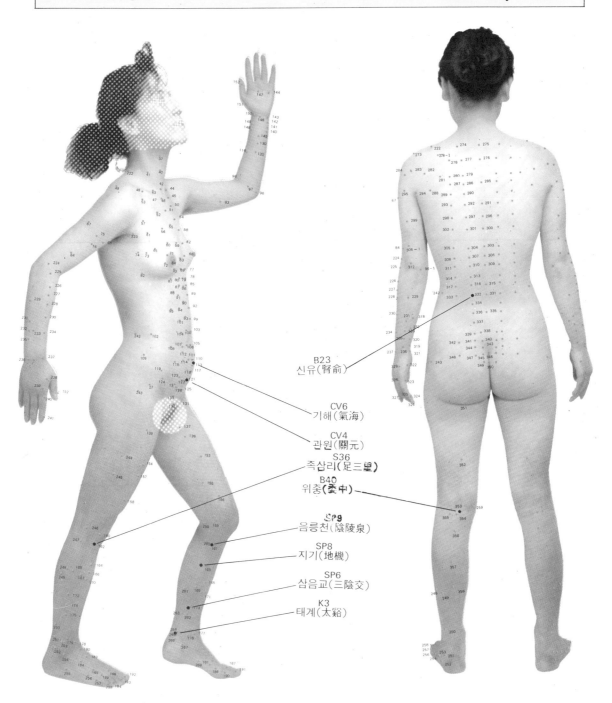

B23
신유(腎俞)

CV6
기해(氣海)

CV4
관원(關元)

S36
족삼리(足三里)

B40
위중(委中)

SP9
음릉천(陰陵泉)

SP8
지기(地機)

SP6
삼음교(三陰交)

K3
태계(太谿)

불면증 ⊖ Insomnia

원인과 증상

주된 불면의 원인은 자율신경실조증이다. 자율신경에는 교감신경과 부교감신경이 있고 쌍방이 교대로 균형을 취하며 움직이고 있다. 이것이 서로 균형있게 작용하고 있을 때는 괜찮지만 균형이 깨지게 되면 주로 낮에 활동하는 교감신경이 밤에 활동하게 되고 언제까지나 신경이 고조되어 잘 수 없게 되는 것이다. 동양의학에서는 이것을 肝經의 기능이 상당히 많아져 肝經이나 心經위에 있는 경혈로 치료해 왔다.

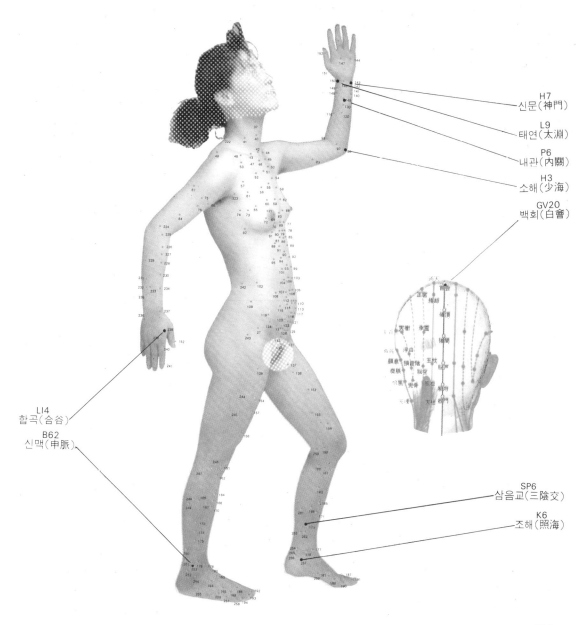

H7
신문(神門)

L9
태연(太淵)

P6
내관(內關)

H3
소해(少海)

GV20
백회(白會)

LI4
합곡(合谷)

B62
신맥(申脈)

SP6
삼음교(三陰交)

K6
조해(照海)

155

졸음의 퇴치 ⊕ Drowsiness

원인 및 증상

　단조로운 일을 장기간 계속하고 있으면 자연히 졸음에 쫓기어 아무리 정신을 차리려 해도 꾸벅꾸벅 졸고 만다. 또한 잠을 깨고 눈을 비비고 자리에서 일어났지만 머리가 개운치 못하고 회사에 출근했지만 졸고 있는 상태로 일이 잡히지 않는것은 자기로서는 자각하고 있지 않지만 피로가 쌓여서 자율신경 기능에 장해가 일어나고 있는 증상이다. 최근에는 시험지옥의 폐단에서 밤 늦게까지 공부하는 수험생이 많은데 수험생으로서 졸음과 싸운다는 것은 대단한 시련의 하나이다. 이럴 때는 자율신경을 정상으로 되돌리고 머리를 맑게 식히고 심기 일전으로 일과 학습에 능률을 올릴 수 있다.

　아래 경혈을 전자침으로 찾아 시술하면 효과적이며 혈에 따라서는 지압을 병행하여 시술하면 더욱 효과가 좋다.

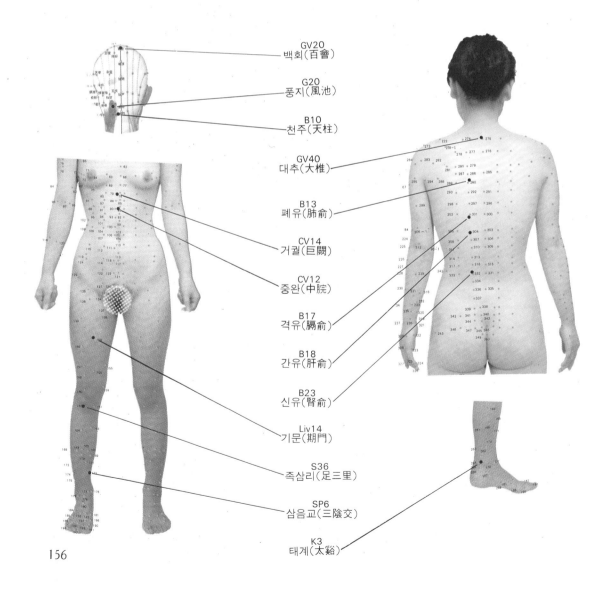

GV20 백회(百會)

G20 풍지(風池)

B10 천주(天柱)

GV40 대추(大椎)

B13 폐유(肺俞)

CV14 거궐(巨闕)

CV12 중완(中脘)

B17 격유(膈俞)

B18 간유(肝俞)

B23 신유(腎俞)

Liv14 기문(期門)

S36 족삼리(足三里)

SP6 삼음교(三陰交)

K3 태계(太谿)

정력증강 ⊕ Vital energy

원인 및 증상

체력증강이라 하면 섹스와 연결시키려는 사람이 많을 것이지만 거기에만 한정하여 생각하는 것은 잘못이다. 물론 체력이 있으면 필연적으로 성적 능력도 강해지지만 여기 체력의 본래적 의의는 전신적인 생명력·기력·의욕을 증강하는데 목적을 두고 있다. 성적 불능에 대해서는 임포턴스항에 설명되어 있다. 동양의학에서는 체력에 대하여 태어나면서 인간이 갖고 있는 에너지와 태어난 후에 인간이 자연계에서 얻어지는 에너지를 어떻게 순조롭게 인체 속에서 활용하여 가는가 하는 것을 요점으로 삼고 있다. 생명의 에너지가 신체 속에 충만하면 체력은 풍요하고, 결핍상태이면 체력이 감퇴한다. 말하자면 신허의 증이 된다. 이 에너지를 한방에서 원기(元氣)라 한다.

아래 경혈을 전자침으로 찾아 주기적으로 반복하여 시술하면 효과적이다.

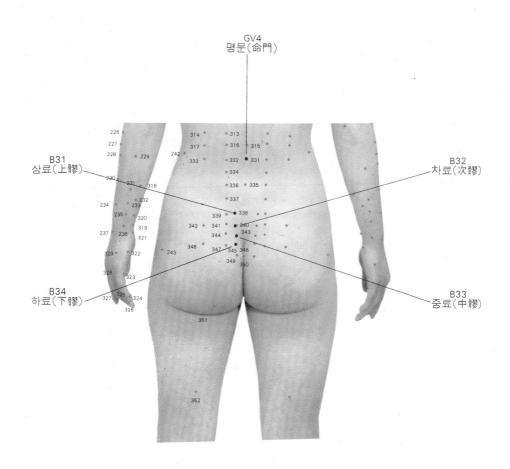

GV4
명문(命門)

226
227
228   229
242
314   313
317   316   315
333   332   331
334
336   335
337

B31
상료(上髎)

B32
차료(次髎)

230   231   318
234   232   233
235   320
319
237   238   321
329   322
243
339   338
342   341   340
344   343
348   347   345   346
349   350

328   323

B34
하료(下髎)

327   325   324
326

B33
중료(中髎)

351

352

요 통 ⊕ Lumbago

원인과 증상

인류가 2개의 다리로 서게 된 이래 요통은 인류에 있어 숙명적이다. 인체의 상체무게, 내장무게, 중력을 지지하고 있는 것이 척추이지만 2개의 다리로 서 있기 때문에 그 무게가 허리에 집중되어 항상 부담을 강요받고 있다. 비만환자나 임신부는 더욱 부담이 증가한다. 이러한 근본적인 원인외에도 요통의 원인은 많이 있다. 그 대표적인 것이 내장의 이상이 허리에 영향을 끼쳐 요통을 일으키는 내장체벽반사의 경우이다. 특히 신장병이나

자궁, 대장, 방광, 직장등의 골반내장기 이상, 생리통으로 인한 심한 요통 등이 내장체벽반사의 예이다. 이 같은 경우는 요통의 원인이 되는 기관의 이상을 치료하지 않으면 완치할 수 없다. 전자침이나 자기방 치료시 주의할 점은 허리와 복부는 서로 길항관계(맞버팀)에 있어 쌍방의 균형이 안 맞으면 요통이 유발되기 쉬우므로 반드시 복부의 경혈에도 자침이나 첨자기방을 하여야 한다.

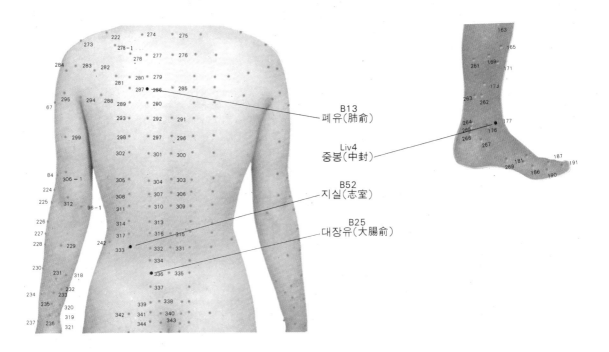

B13
폐유(肺俞)

Liv4
중봉(中封)

B52
지실(志室)

B25
대장유(大腸俞)

좌골신경통 ⊕ Sciatica

원인과 증상

좌골신경통의 특징은 허리와 둔부에서 하지 뒤쪽을 따라 생기는 통증으로 좌골신경통 환자의 특징은 반드시 과거에 요통으로 고생한 경험이 있다고 한다. 그때의 허리 고장이 원인으로 반년에서 수년후에 좌골신경통이 오는 것이다. 때문에 허리에 중점을 둔 치료를 철저하게 할 필요가 있다. 허리가 아프지 않아도 이전에 요통을 일으킨 경험이 있는 분은 좌골신경통에 듣는 경혈외에 요통에 효과가 있는 경혈에도 자침하거나 자석을 붙인

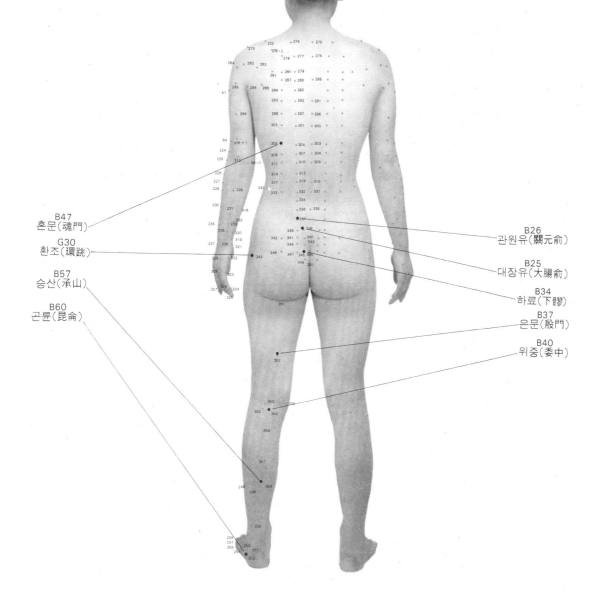

B47
혼문(魂門)

G30
환조(環跳)

B57
승산(承山)

B60
곤륜(崑崙)

B26
관원유(關元俞)

B25
대장유(大腸俞)

B34
하료(下髎)

B37
은문(殷門)

B40
위중(委中)

159

근육의 노화예방 ⊕ Muscle senility

원인 및 증상

최근의 유럽과 미국에서는 결합직 맛사지 란 방법이 많이 실시되고 있다. 결합직이란 손목과 발목이 피부의 외부에서 만져질 수 있는 굳은 근이라는 것인데, 혈관과 근육이 적고 여하간 부드러운 맛을 잃고 딱딱하게 굳어지기 쉬운 곳이다. 맛사지에 의해 근육의 노화를 방지하고자 하는 것이 결합직 맛사지 의 특색인데, 이것은 동양의학의 관점에서도 당연 이치에 맞는 방법인 것이다. 원래 혈은

근육이 수축하는 근복에 있는 것은 적고 근 육이 관절을 넘어서 뼈에 붙는 곳이나 A근 육과 B근육의 경계 속에 있는 경우가 많다. 근력을 올리기 위해서는 근육의 정지부, 신 체의 마디와 마디를 잘 풀어주며, 팔·다리· 몸을 될 수 있는대로 무리없이 운동하는 것이 제일 효과적이다.

아래 경혈을 전자침을 이용하여 주기적으 로 치료하면 매우 효과적이다.

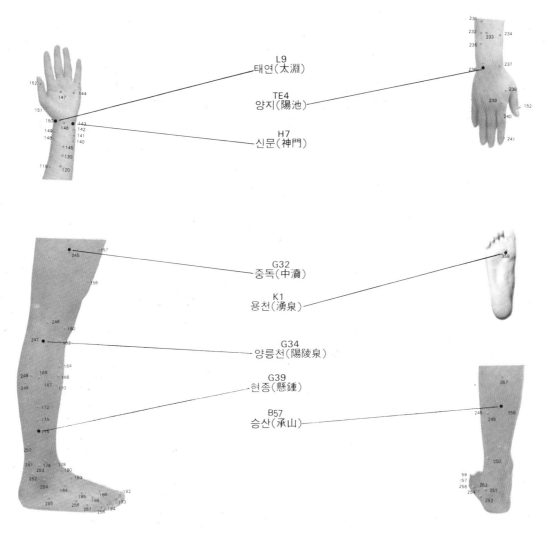

L9
태연(太淵)

TE4
양지(陽池)

H7
신문(神門)

G32
중독(中瀆)

K1
용천(湧泉)

G34
양릉천(陽陵泉)

G39
현종(懸鍾)

B57
승산(承山)

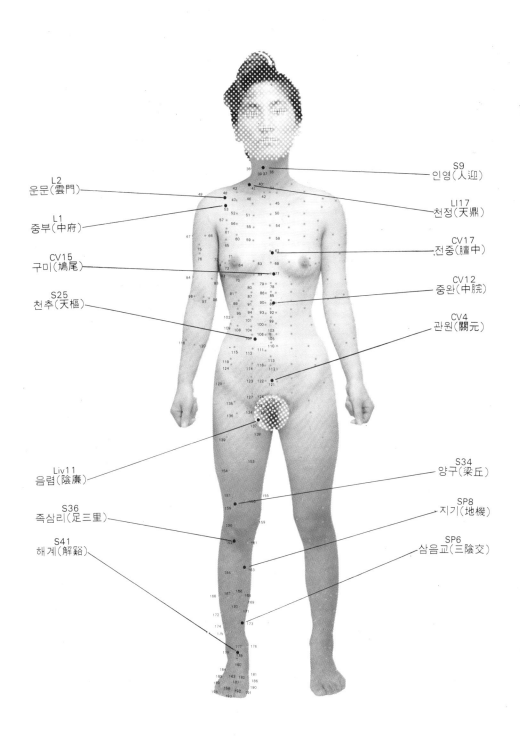

L2
운문(雲門)

S9
인영(人迎)

L1
중부(中府)

LI17
천정(天鼎)

CV17
전중(膻中)

CV15
구미(鳩尾)

CV12
중완(中脘)

S25
천추(天樞)

CV4
관원(關元)

Liv11
음렴(陰廉)

S34
양구(梁丘)

S36
족삼리(足三里)

SP8
지기(地機)

S41
해계(解谿)

SP6
삼음교(三陰交)

노 화 방 지 ⊕ Senility

원인 및 증상

21세기를 바라보면서 인류는 과학의 진보에 따라 생활은 점점 간소화되어 편리해지고 있다. 그러나 반면에는 현대인의 대부분이 정신적인 과로나 운동부족으로 빨리 신체의 노화가 시작되며 요즘은 20대에서도 노화현상이 온다고 한다. 항상 운동을 하고 있는 사람은 별도이지만 책상에서 일하는 회사원들이나 가정주부는 될 수 있는대로 조기에 나타나는 노화현상을 방지하는 방법을 알아

야 한다. 젊은 나이에 고혈압·심장병이 있다면 이것은 등골의 변형이며 팔의 신경통이나 요통, 다리의 신경통도 일으키기 쉽다. 동양의학에서는 노화를 방지하는 데는「비장과 위부를 튼튼히 하고 신장을 도우라」했다. 그러기 위해서는 식사는 8분, 마음은 안정시키고 주색을 삼가면서 아래 경혈을 전자침으로 찾아서 주기적으로 끈기있게 치료하면 치료효과가 높다.

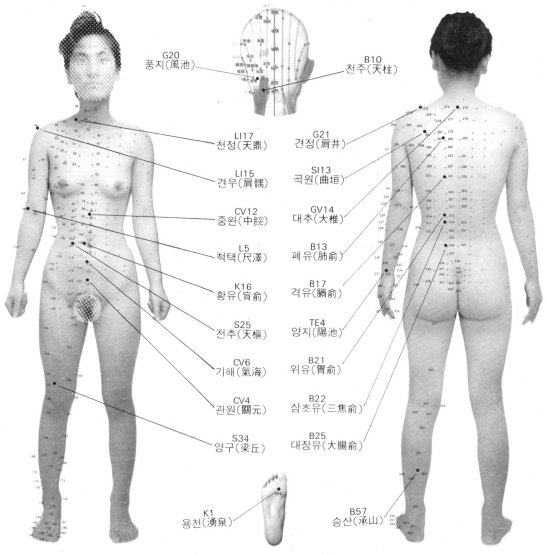

G20 풍지(風池)
B10 천주(天柱)
LI17 천정(天鼎)
G21 견정(肩井)
LI15 견우(肩髃)
SI13 곡원(曲垣)
CV12 중완(中脘)
GV14 대추(大椎)
L5 척택(尺澤)
B13 폐유(肺俞)
K16 황유(肓俞)
B17 격유(膈俞)
S25 천추(天樞)
TE4 양지(陽池)
CV6 기해(氣海)
B21 위유(胃俞)
CV4 관원(關元)
B22 삼초유(三焦俞)
S34 양구(梁丘)
B25 대장유(大腸俞)
K1 용천(湧泉)
B57 승산(承山)

일사병 ⊖ Heliencephalitis

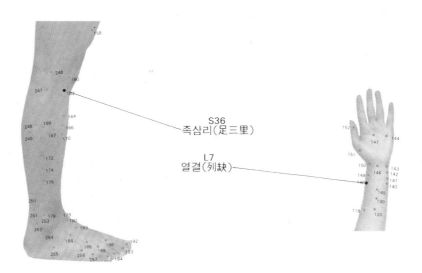

S36
족삼리(足三里)

L7
열결(列缺)

열사병 ⊕ Heatstroke

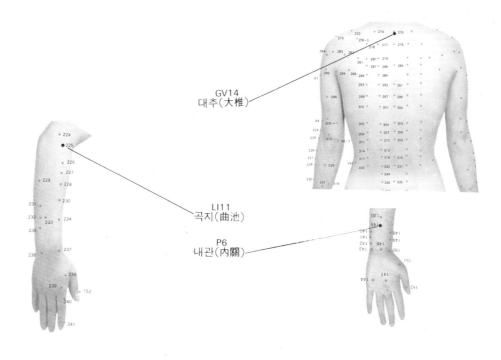

GV14
대추(大椎)

LI11
곡지(曲池)

P6
내관(內關)

다리·허리의 나른함 ⊕ Heavy leg · waist

원인 및 증상

다리와 허리는 인간의 노화현상이 맨 먼저 오는 장소다. 인간의 신체 중에서 다리는 전신의 체중을 떠받치고 몸의 평균을 유지, 걷고 달리는 기능을 가진 대단히 중요한 곳이다. 또한 허리도 현대의학에 의하면 중요한 내분비선인 부신이 있는 자리이며, 이 기능이 흐트러지면 바로 신체의 건강에 악영향을 주고, 반대로 건강을 지키지 못하면 부신의 기능도 쇠약해진다. 다리와 허리가 약해지면

과로로 체력조절이 잘못된 것이다. 다리가 붓고 나른함은 장시간 서 있든가 앉아 있어도 혈액의 순환이 원활하게 되지 않기 때문에 그러한 증세가 일어난다.

아래 경혈을 전자침으로 시술하면 통증이 가시며 치료효과도 매우 높으며 혈에 따라서는 구(뜸)요법이나 지압요법을 병행하여 시술하면 더욱 효과가 좋다.

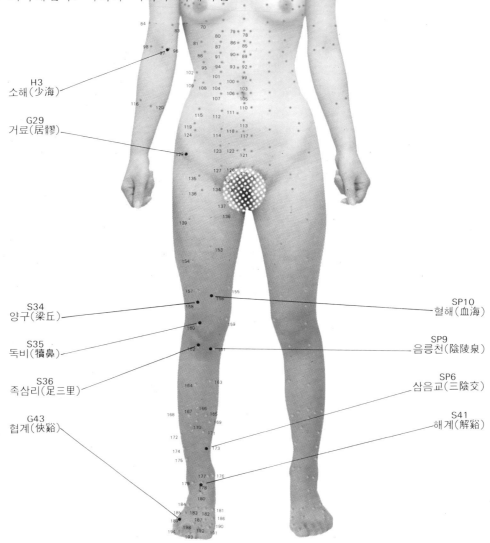

H3
소해(少海)

G29
거료(居髎)

S34
양구(梁丘)

S35
독비(犢鼻)

S36
족삼리(足三里)

G43
협계(俠谿)

SP10
혈해(血海)

SP9
음릉천(陰陵泉)

SP6
삼음교(三陰交)

S41
해계(解谿)

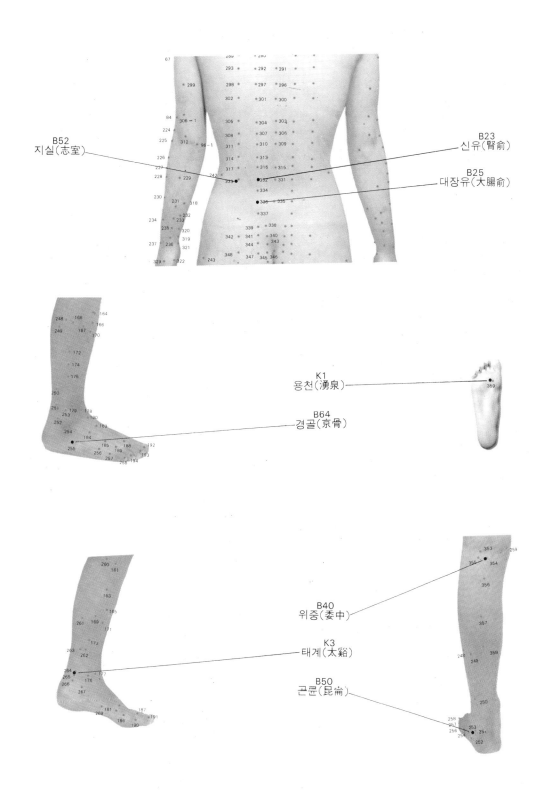

B52
지실(志室)

B23
신유(腎俞)

B25
대장유(大腸俞)

K1
용천(湧泉)

B64
경골(京骨)

B40
위중(委中)

K3
태계(太谿)

B50
곤륜(崑崙)

갱년기 장애 ⊕ Menopausal disorder

원인과 증상

갱년기장해는 폐경기에 일어나는 하나의 증후로서 대개 44～50세의 여성에서 많이 볼 수 있다. 증상으로는 심계항진·현기증·귀울림·위장장해·기억력감퇴·우울증·성욕감퇴 등이 나타난다.

모든 여성에게 오는 증상은 아니고 호르몬 분비와 밀접한 관계가 있기 때문에 이전부터 생리통이나 생리불순의 경향이 있던 여성의 대부분이 걸리기 쉽다. 호르몬제의 투여는 권장할 바가 못되고 여성호르몬을 조절하는 경혈로 치료하는 것이 효과가 좋고 부작용도 없다.

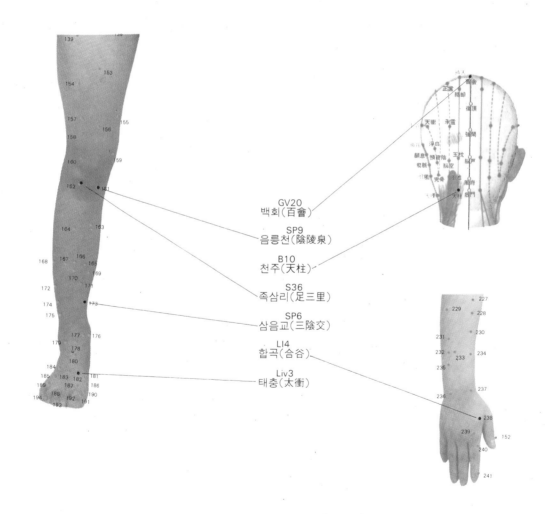

GV20
백회(百會)

SP9
음릉천(陰陵泉)

B10
천주(天柱)

S36
족삼리(足三里)

SP6
삼음교(三陰交)

LI4
합곡(合谷)

Liv3
태충(太衝)

숙 취 ⊕ Lingering intoxication

원인 및 증상

애주가로서 항상 과음을 하였을 때 숙취는 괴로운 것이다. 젊었을 때는 다소 과음을 했어도 하룻밤만 잠자고 나면 다음날 개운하고 아무일도 없었는데, 30대의 후반이 되면서부터 과음을 안했는데도 이튿날 아침 머리가 무겁고 멍하고 아파서 일어날 수가 없다. 이럴 때는 머리가 무겁고 아플 뿐 아니라 명치에서 배꼽까지 갑갑하고 구역질이 나올 듯하고 얼굴이 충혈되어 부어오른 느낌이며, 기

분이 불쾌하여 다시는 마시지 않는다고 맹세할 것이다. 시간이 지나면 서서히 나아지지만, 이런 상태로는 하루종일 일이 손에 잡히지 않는다. 속히 고치고 싶으면 머리를 깨끗이하고 기분을 전환해야 한다.

전자침으로 아래 혈을 자극하면 대단히 효과가 좋다. 혈에 따라서는 지압 및 맛사지를 병행하여 시술하면 더욱 효과가 좋다.

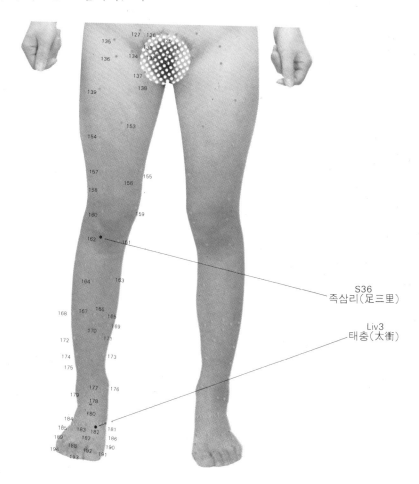

S36
족삼리(足三里)

Liv3
태충(太衝)

차멀미(배멀미) ⊖ Car sickness

원인 및 증상

기차나 버스, 배를 타면 멀리를 하는 사람은 이상하게도 틀림없이 멀미를 한다. 이것은 과거의 체험에서 차를 타면 멀미를 한다는 기성관념이 되어 있어, 그것이 암시가 되어 멀미를 하게 된다. 또, 평소에 아무렇지도 않던 사람이 실제 위장 상태가 좋지 못하든가 수면 부족이나 공복상태로 차나 배를 타면 느닷없이 멀미를 하는 수가 있다. 대체로 멀미는 몸의 평형감각이 이상을 일으킬 경우에 일어나기 때문에 감각이 민감한 사람일수록 걸리기 쉽다. 치료법은 멀미를 하지 않을 채질로 개선하여야 하는데 아래의 혈에 전자침을 이용하여 주기적으로 끈기있게 시술하면 차멀미·배멀미의 방지에 도움이 된다. 혈에 따라서는 지압요법을 병행하여도 효과적이다.

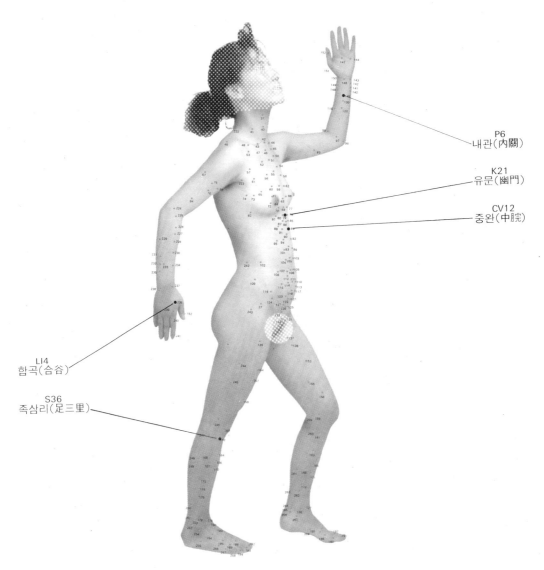

P6
내관(內關)

K21
유문(幽門)

CV12
중완(中脘)

LI4
합곡(合谷)

S36
족삼리(足三里)

콜레스테롤 과다증 ⊕ Excess of cholesterol

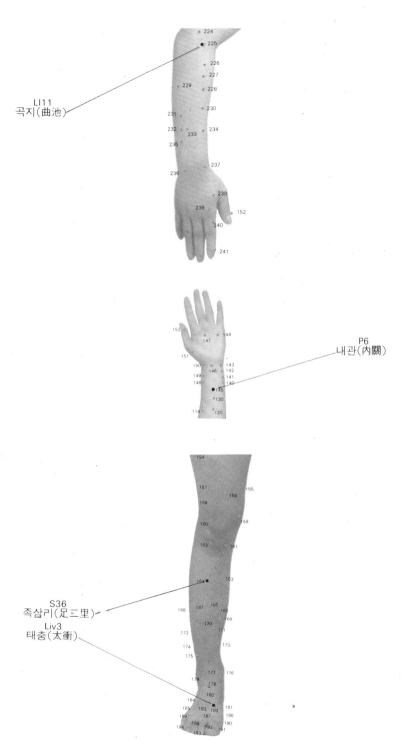

LI11
곡지(曲池)

P6
내관(內關)

S36
족삼리(足三里)

Liv3
태충(太衝)

골프전에　　　　　　　　㊀　　　　　　　Before golf

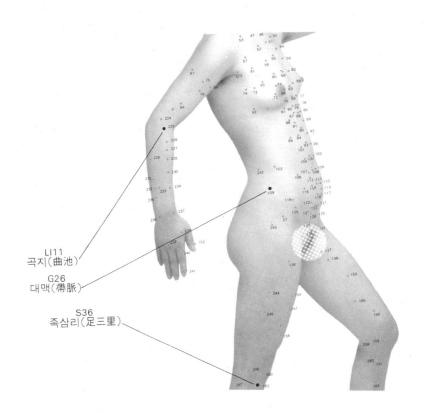

LI11
곡지(曲池)

G26
대맥(帶脈)

S36
족삼리(足三里)

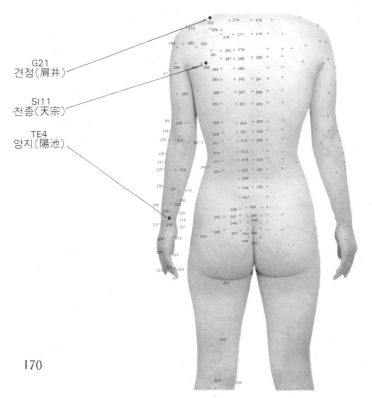

G21
견정(肩井)

SI11
천종(天宗)

TE4
양지(陽池)

야구전에 ㅡ Before baseball

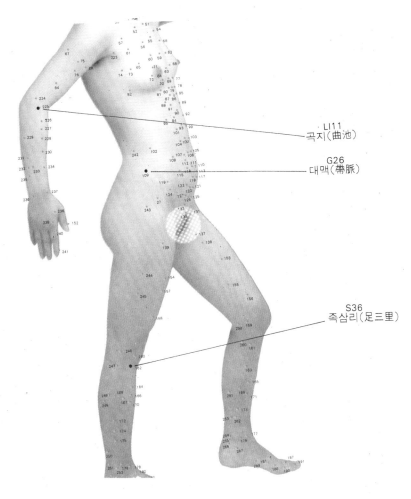

LI11
곡지(曲池)

G26
대맥(帶脈)

S36
족삼리(足三里)

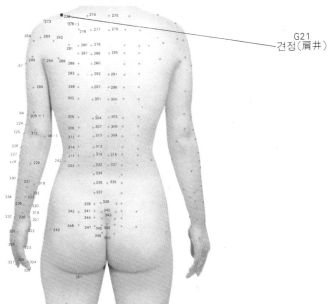

G21
견정(肩井)

등산이나 하이킹전에　　㊀　　Before climbing and hiking

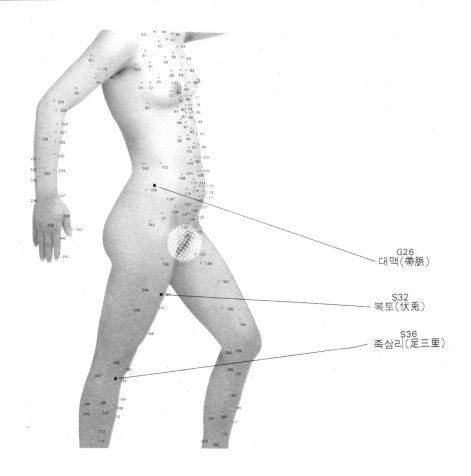

G26
대맥(帶脈)

S32
복토(伏兎)

S36
족삼리(足三里)

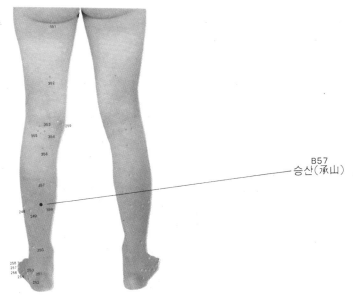

B57
승산(承山)

자전거 타기전에　　　㊀　　　Before bicycle

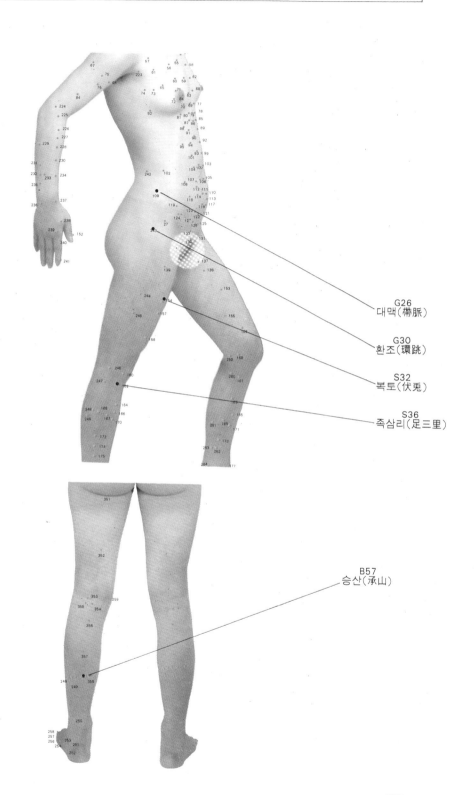

G26
대맥(帶脈)

G30
환조(環跳)

S32
복토(伏兎)

S36
족삼리(足三里)

B57
승산(承山)

스―키전에 　　　　　　　⊖　　　　　　Before skiing

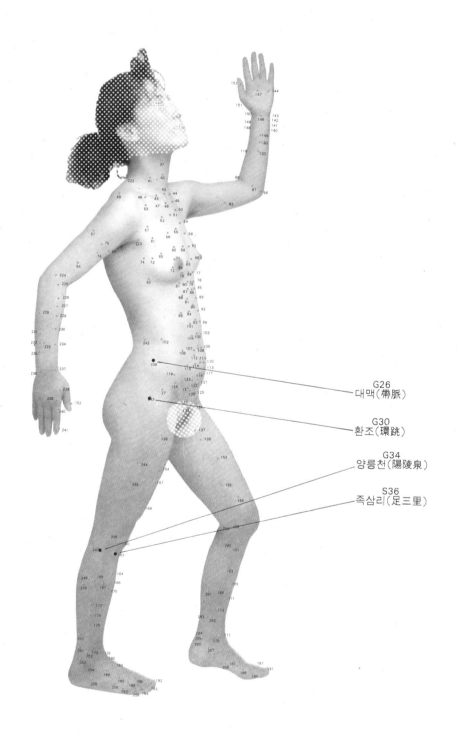

G26
대맥(帶脈)

G30
환조(環跳)

G34
양릉천(陽陵泉)

S36
족삼리(足三里)

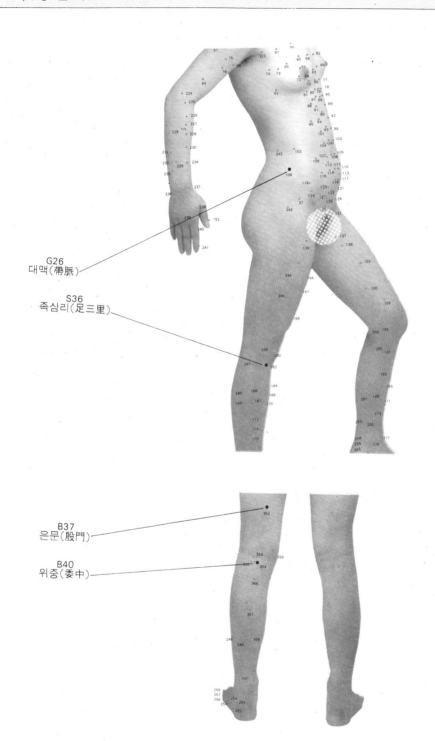

G26
대맥(帶脈)

S36
족삼리(足三里)

B37
은문(殷門)

B40
위중(委中)

手指穴 図解

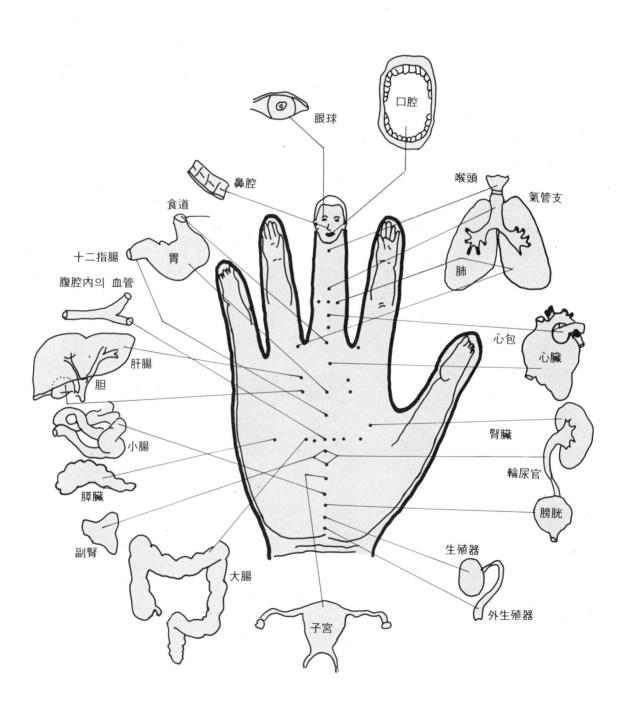

眼球
口腔
鼻腔
喉頭
氣管支
食道
十二指腸
胃
腹腔内의 血管
肺
心包
心臓
肝腸
胆
小腸
腎臓
輪尿官
膵臓
膀胱
副腎
生殖器
大腸
子宮
外生殖器

華佗經穴治療秘法

重版 印刷●1999年 9月 10日
重版 發行●1999年 9月 15日

編著者●金 丞 洙
發行者●金 東 求

發行處●明 文 堂
　　　서울특별시 종로구 안국동 17~8
　　　대체　010041-31-0516013
　　　전화　(영) 733-3039, 734-4798
　　　　　　(편) 733-4748
　　　FAX 734-9209
　　　등록　1977. 11. 19. 제1~148호

값 22,000원
ISBN 89-7270-600-0 93150